元伊勢・倭姫《ヤマトヒメ》命を訪ねて

伊勢神宮に
天照大神を祀った
皇女の物語

川村一代
櫻井治男

晶文社

ブックデザイン　鳴田小夜子（KOGUMA OFFICE）

元伊勢・倭姫命を訪ねて　目次

2千年前から伝わる生きた伝承／お参りをして感じる「ツナガリ」
ご巡幸の旅は一人ではなかった／元伊勢・伝承地の比定地

第3章

元伊勢に残るヤマトヒメの伝承・文化

北・南・西を巡ったトヨスキイリヒメ／叔母から姪へバトンタッチ
ヤマトヒメ　ご巡幸へ出発／川が変われば文化も変わる／真実の名を伝えるとは
神を祀る心の基本「元元本本」／優秀な適材適所のチーム力
米・鮎・各地の特産品を大神に／船、田舟、御船代石
霊水の湧き出る神社「天の眞名井」／荒ぶる神との対峙

プロローグ

川村一代

「お伊勢さん」こと、伊勢神宮にお参りされたことはありますか？

約2千年前に創建され、正式名称は「神宮《じんぐう》」。皇室の御祖神《みおやがみ》で、日本人の総氏神《そううじがみ》とされる天照大神（アマテラスオオミカミ。以下、アマテラス）をお祀りし、令和の今も、年間８００万人が参拝に訪れ、日本人の〝心のふるさと〟ともいわれています。

では、誰が、伊勢にアマテラスをお祀りしたのでしょう？

２０１３（平成25）年、ライターの仕事をしている私は、雑誌で伊勢神宮の記事をつくる中で、古代、二人の皇女が、アマテラスが永久《とこしえ》に鎮まるところを探すために約90年近くの歳月を費やして各地を巡り、ついに伊勢の地に到って神宮が創建されたこと、また、その途上でかつてアマテラスを祀っていたところを「元伊勢《もといせ》」と呼ぶことを知りました。

この皇女の一人が倭姫命（ヤマトヒメノミコト。以下、ヤマトヒメ）です。各地を巡る旅を続け、やがて伊勢の五十鈴川《いすずがわ》の川上の地を発見し、そこにアマテラスを祀ったことが、伊勢神宮の創始とされます。

このヤマトヒメをご祭神とする神社「倭姫宮《やまとひめのみや》」が、伊勢市の倉田山に鎮座しています。以前にも、このお宮にお参りしたことはありましたが、神宮ができるまでに皇女ヤマトヒメの旅の物語があったことは、そのとき初めて知りました。

同年、雑誌で「元伊勢」を旅する企画を立ち上げて、倭姫宮や、京都の籠《この》神社（京都府宮津市）などいくつかの神社を旅し、紹介しました。そのとき「ヤマトヒメの巡幸《じゅんこう》地を巡りたい。一冊にまとめてみたい」という思いが心の片隅に芽生えましたが、ライター、神社の神職、女子大学の講師と、〝三足のわらじ〟の仕事に日々追われる中、そのままになっていました。

それから、日々が過ぎてゆき、2020（令和2）年初頭から世界中に新型コロナウイルスが流行し、社会は一変しました。

在宅時間が増える中、私は、自分の学びのために、『古事記』などの物語の読み下し文を、文章や写真を配信するウェブサイト「ｎｏｔｅ」に「ことの葉綴り」と題して掲載しはじめました。

そこで、ヤマトヒメの物語についても書こうと思い立ち、『「倭姫命世記」研究——付訓と読解——』（中村幸弘、新典社）や、『倭姫命の御巡幸』（楠木勝俊著、岡田登監修、アイブレーン）などの資料を参考にしながら、日々、旅物語を綴っていきました。
ヤマトヒメの旅に想いを馳せながら綴りはじめたところ……アマテラスを永久に祀る聖地を求める大役を担ってのプレッシャーや、その不安と向き合う姿、旅する仲間との出会い、立ちはだかる困難にも一歩一歩踏み出す力、侘しさや喜びなど、あらゆる感情に溢れ、苦労しながら旅を続けていく姿に心打たれて、「これはヤマトヒメの成長物語でもある」と、魅了されていきました。

かつて雑誌の記事で取り上げてから約10年を経て、再び、ヤマトヒメが私の前に立ち現れてくれた気がしました。活き活きと、その感情や鼓動が伝わってくるような、新たな出会いでした。

その物語には、荒《すさ》ぶる神と対峙するくだりがありますが、戦うのではなく、相手を祀り、和ませ鎮めていくのです。やっつけるのではなく、和ませて鎮める……コロナ禍で「分断」する世界を生きる私たちに必要なメッセージではないかと、心に響きました。

そもそも、古代、アマテラスが宮中から出て祀られるようになったきっかけも、「疫病」や「社会不安」でした。まさに現代とリンクしています。

しかも2千年前というと、イエス・キリスト生誕とほとんど同時代に、女性（皇女）が、人生をかけて神祭りをしながら仲間と共に旅をして、伊勢神宮という日本の総氏神とも呼ばれるお宮を定め、お祭りなどの礎を築いた……その偉大さたるや。

伊勢神宮が守り伝承している祭り、そして自然と共に生きる知恵は、今必要なSDGsそのものだと注目されています。

コロナ禍で、実際には旅に出られない時期でしたが、ストレスが溜まりがちな状況でも、日々ヤマトヒメと向き合う時間があることで、私は心を整えてもらっていたのかもしれません。

またヤマトヒメの姿は、女性の社会進出、自立、多様性が必要な時代の道しるべになるのではないかとも感じました。実際、働く女性の一人として勇気と明るさをもらい、背中を押してもらい、心の栄養をもらっているようにも感じました。

けれど、「ヤマトヒメの物語って、すごく魅力的でおもしろい！」と人に話しても、「それは誰？」という反応が返ってきます。残念なことに、伊勢神宮にお参りしたことはあっても、ヤマトヒメの果たした役割や物語、いえ、その存在すら知らない人が多いのです。

奇しくも、2023（令和5）年は「倭姫宮創建100年」の記念年です。これではあまりにももったいない！ヤマトヒメを、その物語を知ってほしい！と、再び、強い願いが沸き上がってきました。

けれど、私一人の熱意の先走りだけで、神さまのこと、ましてや神宮に関することを書いていいのだろうか？　とためらいも強くありました。そんな葛藤を抱えつつ、伊勢神宮の内宮《ないくう》に早朝参拝をし、境内を歩いていたときのことです。

「櫻井治男先生にお話しを聞こう」と、閃いたのです。

櫻井先生は、伊勢在住の宗教学者（皇學館大学名誉教授）で、伊勢の神宮、神道文化にも詳しい方です。東日本大震災後、そのとき東北の神社では何が起きていたのか、神道のこころがどう発露したのかを取材し、それを一冊にまとめて以来、宗教研究の会に招いて下さるなど、いつもアドバイスをくださっていました。

一人よがりかもしれない〝私のヤマトヒメ〟への想いを専門家である櫻井先生の知恵で導いていただけないかと、思いのたけを手紙にしたためてお願いしたところ、快諾してくださいました。

これほど心強い導き手はいません。

今回、ヤマトヒメの巡幸地を実際に巡る旅を続けながら、櫻井先生とヤマトヒメについての対話を繰り返しました。

まさしくこの数年は、時空を超えて、ヤマトヒメに出会う〝私の旅〟でもありました。約2千年前に皇女が旅した軌跡を、櫻井先生と共に深めていくうち、各地に今も受け継がれて生きているヤマトヒメのこころや伝承など、多くの発見がありました。ヤマトヒメが旅した各地で、伊勢の地で、今も物語が〝生きて〟大切にされていること、それを守っている方々にも出会いました。旅を続けることで、ヤマトヒメを、さらに心から崇める自分に気づきました。

時空を超えて出会ったヤマトヒメとは、どういう存在なのでしょう。ぜひ、読んでいただき、皆さんお一人お一人、ご自身で出会っていただければ嬉しいです。そして何か一つでも、これからを生きる糧、心の栄養になれば幸いです。遥か古《いにしえ》のヒメと出会う巡礼の旅。まずは、ヤマトヒメを祀る「倭姫宮」からはじめましょう。

第1章

倭姫宮創建100年を迎えて

皇大神宮
別宮
倭姫宮表参道

伊勢の神宮のはじまり

櫻井治男（以下、櫻井）　ここは、伊勢神宮の倭姫宮《やまとひめのみや》の表参道の入り口です。

川村一代（以下、川村）　2023（令和5）年に創建100年記念を迎えられましたね。伊勢神宮は、日本人の心の源郷、総氏神《そううじがみ》ともいわれ、1年間に800万人の参拝者がいます。けれど、ここに祀られている倭姫命（ヤマトヒメノミコト。以下、ヤマトヒメ）［注1］は、あまり知られていませんよね。このヤマトヒメとは？　伊勢神宮との関係は？　どんなご功績があるのか？　櫻井先生にレクチャーしていただきながら、ひもといていきたいと思います。まずはお参りしましょうか。

櫻井　今、ヤマトヒメは、〝あまり知られていない〟といわれましたね。

本題に入る前に、伊勢神宮とは何かをお話ししましょう。

神宮とは、皇室のご祖神にあたる天照大神（アマテラスオオミカミ。以下、アマテラス）［注2］

［注1］**ヤマトヒメ**　文献には「倭姫命」「倭比売命」と記され、ヤマトヒメノミコトと読まれているが、本書では読みやすさを念頭に、カタカナで省略表記を用いることとした。

をお祀りする内宮《ないくう》こと「皇大神宮《こうたいじんぐう》」と、食物や産業の守り神の豊受大神（トヨウケノオオカミ）をお祀りする外宮《げくう》こと「豊受大神宮《とようけだいじんぐう》」が、まず中心となります。この両宮は、ご正宮《しょうぐう》といい、皆さん、ご存じだと思います。

このご正宮に次ぐ格式の高いお宮を「別宮《べつぐう》」（「わけのみや」とも）といい、内宮に10カ所と外宮に4カ所あります。伊勢近郊にはさらに、神宮ができる前からその土地を守ってきたといわれる神々、ご鎮座の当時にヤマトヒメが定めたとする社、外宮のご鎮座当時に定められた社など、43所の摂社《せっしゃ》、24所の末社《まっしゃ》［注3］、42所の所管社《しょかんしゃ》［注4］があり、合わせて125の宮社を総称して「神宮」です。

川村　こちらの倭姫宮は、内宮の「別宮」になり、格式も高いですね。いちばんの驚きなのが、伊勢神宮が2千年という長い歴史がある中、倭姫宮は創建100年という新しさです。この古い神宮のもっとも新しい倭姫宮を、どうとらえればいいでしょう？

櫻井　そのためには、神宮のはじまりをみてみましょう。神宮は、今から約2千年前に、大和の地（現在の奈良県内）から、皇室の祖神《おやがみ》であるアマテラスの恒久の祭祀《さいし》の場所を求めて皇女が各地を巡幸《じゅんこう》し、最終的に伊勢の地に鎮め祀られたことがはじまりと伝えられています。これには二人の皇女が関係されています。

川村　祭祀とは、神をまつること、その神事のことですね。アマテラスは、〝最初から伊勢にご鎮座していたわけではない〟。これも知らない方が多いでしょうね。

櫻井　大和国から伊勢国にまっすぐに来てアマテラスが祀られたのではなく、皇女が、アマテラスを祀りながら旅をして、伊勢のこの地を発見した。そしてヤマトヒメが伊勢国に入ったとき、アマテラスから「ここに鎮まりたい」と、お告げがあったわけです。

是《こ》の神風《かむかぜ》の伊勢国《いせのくに》は、
即ち常世《とこよ》の浪の
重浪帰《しきなみよ》する国也。

［**注2**］**アマテラス**　古典では天照大御神・天照大神・天照坐皇大神など複数の表記がなされている。アマテラスオオミカミと記すのが適切だが、本書では読みやすさの点から、この表記を用いた。省略形をとるならば、アマテラスではなくオオカミ（偉大なる神）としたいところだが、普通名詞的になり区別がしにくい場合もあるので、やむを得ずこの表記とした。

［**注3**］**摂社・末社**　神社の本宮本社の管理下にある規模の小さな神社。神宮の場合は、「延喜式神名帳《えんぎしきじんみょうちょう》」（９２７年にまとめられた全国の神社一覧）に記載された官社を摂社、「延暦儀式帳《えんりゃく》」（８０４年に神宮禰宜《ねぎ》らが役所へ提出したもの）に記載があるものを末社とされた。（『神道事典』より）

［**注4**］**所管社**　御正宮や別宮に直接かかわりがあり、井戸や酒、米、塩、麻、絹など衣食住をつかさどる神々が多く祭られており、皇大神宮に30社、豊受大神宮に4社、別宮の瀧原宮《たきはらのみや》に3社・伊雑宮《いざわのみや》に5社がある。（伊勢神宮崇敬会ＨＰ「お伊勢さん１２５社まいり」より）

傍国《かたくに》の可怜《うま》し国也。
是の国に居《を》らんと欲《おも》ふ。

『倭姫命世記』より［注5］

川村　アマテラスを各地でお祀りして旅をされた。それを「ご巡幸」というわけですね。このとき、アマテラスのご神意を受けながら伊勢まで巡幸した皇女の一人がヤマトヒメだった。また、伊勢はよく「うまし国」というキャッチフレーズを使いますが、ここから来ているんですね。

櫻井　大神のお告げのことはすでに『日本書紀』に記されているのですが、皇女の名前に注目しましょう。ヤマトヒメは、大和から来た姫、大和を代表している姫です、と。こうした名前と、とても長生きだったために、後世には、「本当にいらしたのか」「一人の人物を指すのではないだろう」などと議論されます。けれど、文献の記録によると、一貫して「倭姫命」となっています。このヤマトヒメと、もう一人、トヨスキイリヒメノミコト（豊鋤入姫命。以下、トヨスキイリヒメ）がいらっしゃいます。

川村　トヨスキイリヒメは、第10代崇神《すじん》天皇の皇女。ヤマトヒメは、第11代垂仁《すいにん》天皇の皇女で、お二人は叔母と姪っ子の関係にあたりますね。

アマテラスが初めて宮中から外へ

櫻井　それまでアマテラスは、宮中で、つまり天皇とご一緒のお住まいで、お祀りされていました。そのことを「同床共殿《どうしょうきょうでん》」といいます。

元々、天上界の高天原《たかまがはら》［注6］から、孫神のニニギノミコト（瓊瓊杵尊）が、この地上へと降りてくるとき――これを天孫降臨《てんそんこうりん》といいますが、アマテラスが八咫鏡《やたのかがみ》［注7］を渡して、「これを私だと思い祀りなさい」と仰って、代々の天皇は、宮中の身近なところでお祀りしてきたわけです。

けれども、第10代崇神天皇の御代に、国内に疫病が流行します。人々が大勢亡くなり、民が都を離れていき、社会不安が起こってしまうのです。

［注5］本書で引用した『倭姫命世記』本文は、『大神宮叢書』所収本を基本に、『日本思想大系』所収本、『神道大系』所収本を参考に読みをつけた。

［注6］**高天原**　天上にあり神々が居住し、アマテラスの支配するところ。

［注7］**八咫鏡**　天皇の皇位の継承の象徴とされる「三種の神器《じんぎ》」の一つ。ほかに草薙剣《くさなぎのつるぎ》、八尺瓊勾玉《やさかにのまがたま》がある。

（崇神天皇）五年に、国内《くぬち》に疫病《えやみ》多く、民《おおみたから》の死亡《まかれ》る者《ひと》有りて、且大半《なかばにす》ぎなむとす。（人口の過半数に及ぶほどであった。）
六年に、百姓《おおみたから》流離《さすら》へ、或《ある》いは背叛《そむくもの》有り。

『日本書紀』より

櫻井　崇神天皇は、「この原因は何だろう」と考えて、アマテラスを身近に祀っていることが畏れ多いのではないかということで、初めて、天皇のお住まいである御殿、すなわち宮中から出て、大和の笠縫邑《かさぬいのむら》でお祀りすることになります。

そこに「磯堅城《しかたき》の神籬《ひもろぎ》」を立てて祀られたと、『日本書紀』に出てきます。

川村　この「磯堅城の神籬」とは、とても堅固なしつらえでアマテラスが祀られるご神域となるところ、という意味です。そして、このとき、アマテラスをお祀りするのが、崇神天皇ご自身ではなく、皇女のトヨスキイリヒメに委ねられた。そして、アマテラスは初めて宮中から出てお祀りされたのですね。

疫病、社会不安……とても現代と似ている気がします。

アマテラスの「御杖代」となった皇女

川村　それぞれ父である天皇から、アマテラスの祭祀を委ねられて旅をしたのが皇女のトヨスキイリヒメとヤマトヒメで、二人のことを「御杖代《みつえしろ》」といいますよね。聞きなれない言葉ですが、どう説明すればいいでしょう？
　アマテラスの神意を受け取り、お祀りをしてご巡幸の旅をしていく、ということでいいですか？

櫻井　昔から議論はいろいろあります。御杖代の、「ミ（御）」は尊敬語ですが、「ツエシロ（杖代）」の解釈は諸説あります。神がよりつく神木、あるいは旅する神の杖の代わり、などとされます。私は、「シロ（代）」は、〝何かに代わるもの〟というよりは、〝杖そのもの〟という意味と理解しています。

　神話や伝説で、杖は「先導・権威」や「開拓・占有」の意味を表象するシンボルとして登場します。

　あたかも天皇自身が「ツエシロ」としてアマテラスを祀りつつ恒久の祭場を求められているように、その役目を委ねられた〝杖そのもの〟ではないかということです。非常に興味深い表現ですよね。

川村　父から娘へと、とても大事なお役目を委ねられたのですね。

櫻井　歩くための補助の杖の代わりとして、アマテラスにご一緒したという解釈はわかりやすそうですが、それ以上に、アマテラスがヤマトヒメと一体となっていらっしゃる姿である、ととらえたいです。

いわば、人であり、カミであり、カミであり人であるという存在を、モノにたとえて表現すると「御杖代」ということになるのではないでしょうか。

川村　ただ祭祀をするだけではなく、御杖代は、カミでありヒトである。それが、ヤマトヒメでありトヨスキイリヒメである、と。

櫻井　はい。現代のように、神なのか人なのかと分けるのではなく、アマテラスに向かっているときは人なのだけれども、人に向かっているときは、大神を背負っている存在ですよね。そういうカミでありヒトである存在として、カミヒトやヒトカミというのかな。

ない。

ヤマトヒメもカミでありヒトだった

櫻井　ですから御杖代は、アマテラスの側にいて、ただ旅の道案内をしたというだけではない。

川村　御杖代は、アマテラスを祀る神事をおこない、神のお告げを受けて人々に伝える。トヨスキイリヒメも、ヤマトヒメも、そうしたカミヒト的存在だった。

櫻井　だから「聖なる存在」なんです。カミヒトだから、神を慎んで祀る。背負っているのはアマテラスですから、御杖代の語る言葉は、神の言葉であり、トヨスキイリヒメややマトヒメが語った言葉も、大神の発言という位置づけになるのではないかなと思います。

ヤマトヒメが巡幸の途中、伊勢国の大淀という浜辺で、アマテラスから「常世［注8］の浪の重浪帰する国なり。（中略）この国に居らんと欲ふ」とお告げを受けるんですが、それは御杖代のヤマトヒメが、最終的には「この伊勢だと決めました」ということでしょうね。

川村　神の御心を受けて、お告げを聞くというのは、何かシャーマン［注9］っぽいですね。

［注8］常世　祖先の霊魂や神々が住む、海の彼方にあると信じられる世界。（『神道事典』より）

櫻井　ただ、シャーマンというと意識が変容状態になって、神の言葉を受けたりすることに特徴があるでしょう。けれども、ヤマトヒメが巡幸中に、いっときでもそのような状態になったということは物語には出てきません。

巡幸の途中、荒《すさ》ぶる神が出てきますが、そのときも、祭祀をおこない鎮めるというくだりがあります。これは、シャーマニズムというよりも、あくまでも祭祀に関わる人に必要な特徴をお示しになっている気がします。

意識が変容し神になっているのではなく、常に、いつもカミでありその性格として心身を清める潔斎《けっさい》［注10］をし、祭祀をおこない、非常に清浄に過ごされている。

ヒトという世俗の側面では、巡幸の先々で人々と交流し、時には交渉、ネゴシエーションもする。神は、世俗的な交渉はしないですよね。

川村　聞いていると、カミヒトというのがしっくりきます。

櫻井　ですから、ヤマトヒメも、単なる歴史的な「この人は実際の人かどうか」という問題だけではないと思う。宗教的な存在としての意義というか、日本人の意識や社会の中にある聖なるものの意義を示されているかもしれませんね。

川村　まさに「皇女」という存在がそうですね。

櫻井　ここでの皇女とは、まさに社会の代表です。それもローカルコミュニティではなく、日本という社会の代表。アマテラスが宮中から出て、各地で祀られていくことで、大和国と共にアマテラスも発展しているわけです。

川村　トヨスキイリヒメとヤマトヒメが巡幸すると共にアマテラスも巡り広がっていく。その広がりを感じますね。

櫻井　大和国が発展し、勢力が伸びるに従い、巡幸の物語も詳しく語られていくことになりますね。

巡幸地——元伊勢と伝承地

川村　初代の御杖代のトヨスキイリヒメが、アマテラスを永久に祀るところを求めて巡幸されます。詳しくはのちほどみていきますが、大和国（奈良県）、丹波国（京都府）、木乃国

［注9］**シャーマン**　神や精霊と直接に交流し、託宣や予言、治病、祭儀などをおこなう呪術的・宗教的職能者。
［注10］**潔斎**　祭祀をする者が、祭祀に先立ち穢れに触れることを避け、祭祀者の資格を完成するために心身を清浄にすること。
（『神道事典』より）

（和歌山県）、吉備国（岡山県）と、50年以上の歳月をかけて、5カ所でアマテラスを祀ります。

櫻井　それでも、決まらなかったわけです。やがて、お年もとられたことでしょうし、「吾、日足りぬ（私はもう十分にご奉仕した）」と、御杖代のお役目を姪のヤマトヒメに委ねて、2年ほどご一緒に過ごされます。

川村　ヤマトヒメは二代目の御杖代となられたわけですね。そして大和国、伊賀国（三重県）、淡海国（滋賀県）、美濃国（岐阜県）、尾張国（愛知県）、鈴鹿国（三重県）、やがて伊勢国へと30年以上をかけて巡られていきます。

櫻井　きっとご苦労の多い旅でしたでしょうし、行く先々の土地で、アマテラスのお祀りが可能だった場合と、その土地にお遷《うつ》ししようとしても困難だったところもあったでしょうし、物語としても興味深いですね。

川村　皇女のお二人が、御杖代として二代にわたり80〜90年をかけて、アマテラスと共に巡られて、大和国から伊勢国まで旅をされた道程。

巡幸地では、最低でも2年、4年と、アマテラスを祀る祭祀もおこない、お米もつくり、その土地での営みもあるでしょうし、地元の人々との触れ合いもある。そうした中で、また、次の土地へと旅をする。これって、先が見えていませんよね。ゴールも見えていない。

すごいことだと思います。

櫻井　社会的な面で見ると、旅した土地が、不安定で未知だったところもあるでしょうし、それをどう乗り越えていかれたかは関心が高いかと思います。

川村　そして、巡幸地でアマテラスを一時的にでもお祀りしてきたところを「元伊勢《もといせ》」というのですよね？

櫻井　いつごろからそういわれだしたのかはわからないのですが、「元伊勢」という場合、本来は〃出発点〃をそう呼ぶのですね。

すなわち、アマテラスが、宮中から最初に出て祀られたところ。大和の「磯堅城の神籬」が立てられたところ（三輪明神・大神《おおみわ》神社の摂社の檜原《ひばら》神社がそこだとされます）。

もう一つ、神宮の外宮（豊受大神宮）の場合は、トヨウケノオオカミが祀られていた丹波（京都府宮津市の籠《この》神社など）を〃出発点〃という意味で、「元伊勢」といわれます。

それが、のちにヤマトヒメがご巡幸し、立ち寄られて、何年間かアマテラスを鎮祭していたところも含めて「元伊勢」という場合もあります。

川村　鎮祭とは、神を鎮めてお祀りするということです。ここでは、トヨスキイリヒメとヤマトヒメがご巡幸したところで、いったんはアマテラスを祀っていたところを「元伊勢」としてご紹介できればと思います。

櫻井　そうですね。この「元」というのも、ヤマトヒメを語る上ではとても大切な言葉なんですよ。

川村　「元」……そうなのですね。

櫻井　ヤマトヒメの一代記には、「元元本本」という言葉が出てきます。これは、「げんげんぽんぽん」または「はじめをはじめとし、もとをもととする」と読まれます。これものちほどゆっくりご紹介しましょう。

川村　はい。そして、ヤマトヒメのご巡幸の物語には、その地ではアマテラスをお祀りはしていないけれど、エピソードが残っているところがありますよね。

櫻井　そうですね。いろいろな伝承が残っているところもありますね。

川村　たしか、荒ぶる神をヤマトヒメが鎮めたところも、そこにアマテラスはお祀りしていませんよね。

櫻井　伊勢に近くなるに従い、いろいろな伝承が詳しく残っています。そこは「元伊勢」と分けて、ヤマトヒメの縁《ゆかり》の「伝承地」として紹介したいですね。

五十鈴川の川上にご鎮座したアマテラス

櫻井　長い時間をかけて、伊勢神宮の地を発見されたこと、そして、アマテラスから「ここに鎮まりたい」とお告げがあった伊勢の五十鈴川《いすずがわ》の川上にお祀りされて、ヤマトヒメは大役を成就された。

川村　それが、伊勢神宮の〝はじまり〟の由来となります。

櫻井　アマテラスが鎮まったあとも、ヤマトヒメは、日々、祭祀をおこない、大神にお供えする、お米をはじめとするご神饌《しんせん》――神宮では御料《ごりょう》といいますが、その産地を求めて志《し》摩《ま》の方へとご巡幸を続けられます。

川村　神宮のお供え（御料）として有名な御塩《みしお》、熨斗《のし》あわび、鮎など、ヤマトヒメがご巡幸しながら定められて、今も、神宮に奉納されているものもあります。御塩は、古来の方法で作られている三角錐型に焼き固めた塩で「堅塩《かたしお》」と呼ばれます。お供えものも、ヤマトヒメが多く定められましたし、神宮の大切なお祭り……その年の新穀を大神に奉《たてまつ》り感謝する「神嘗祭《かんなめさい》」をはじめ、年中の祭祀も定められたのですよね。

櫻井　まさにヤマトヒメは、神宮の基《もとい》をつくられたわけです。

伊勢にアマテラスが鎮まった理由も、いろいろな学説があります。その中には、大和朝廷の東国経営の足掛かりの、前線基地的だといわれることもありますが、それでは少しコースがずれるのではないかという主張も出ています。東に向かうなら、伊勢よりも尾張からの方が直線的でいいわけですからね。

また、太陽信仰で、お日様が昇り沈むという、出雲と伊勢のレイライン説もあります。私は、『日本書紀』にあるように、アマテラスが「私は、常世の国に接しているところ、ここ（伊勢）にいたい」と仰った、この「常世」がキーワードだと思います。

川村 常世の国とは、海の彼方、異郷とされる、神々や祖霊がいるところ、ですね。

櫻井 そう。この常世の「常」は、永遠という意味で大切な言葉です。非常に宗教的なコスモロジーの世界がね、古代の当時の人々の心にしっかりと組み込まれていて、それで伊勢が選ばれたという気がします。

川村 コスモロジー？

櫻井 宇宙論というのかな。神話的、宗教的な宇宙論。

川村 神話的、宗教的な宇宙論、政治などを超えての、もっと大きな包括的なもの。

櫻井 そういう世界観、そして海、山、川という自然環境、そうしたアマテラスの永久に鎮まるところとしても揺るぎない環境であると、伊勢が選ばれたように思います。

市民の嘆願で倭姫宮が創建される

川村　私たちが今もお参りできる伊勢神宮。その基をつくられたヤマトヒメ。神宮がご創建から2千年ですが、なぜ、ヤマトヒメは、100年前にお祀りされたのでしょう？

櫻井　かつて、神宮の領地内（伊勢）で暮らす人々は「神領民《しんりょうみん》」［注11］とも呼ばれて、20年に一度おこなわれる「式年遷宮《しきねんせんぐう》」に奉仕していました。人々は「神宮に奉仕」できることを誇りにしていました。

川村　少し説明すると、式年遷宮は、神宮の社殿、装束、ご神宝のすべてを新しくし、アマテラスをはじめ、神々を新しい社殿に遷しお祀りを続ける、伊勢神宮の最大のお祭りです。第40代の天武《てんむ》天皇が発意されて、皇后であった第41代持統《じとう》天皇の4年（690年）に内宮でおこなわれたのがはじまりです。

室町時代には一時、中断がありましたが、1300年にわたり継続されて、2013（平

［**注11**］**神領民**　かつて神都の伊勢に住む人々をこう呼んだ。神宮の行事、特に20年に一度の「式年遷宮」のお木曳《きひき》行事などのさまざまな行事に奉仕をして神宮を支えていた。現在も変らず奉仕が続いている。

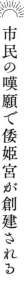

成25）年に第62回式年遷宮がおこなわれました。次は２０３３年、10年後の予定です。伊勢に暮らす人たちは、代々、この20年に一度の祭りに奉仕されてきたわけですね。

櫻井　はい。倭姫宮の創建は、伊勢市（当時は宇治山田市）の神領民の人々の願いが発端になったんです。

「なぜここに神宮が祀られているのか？」「神宮の基礎、伊勢の町の出発点となってくれたのはどういうお方なのだろう？」……それを知るにつれて、古《いにしえ》の一人の皇女が、とても大きな役割を果たされた。今の言葉でいうと「このままにはしておけない」「ヤマトヒメの功績って、すごいことじゃない⁉」と（笑）。

１９０１（明治34）年には神宮側から、さらに大正の初年より、当時の宇治山田市の人々が、ヤマトヒメのご神徳を慕い、お宮の創建を請願します。

歴代の天皇で初めて神宮を参拝されたのが明治天皇です。次の大正天皇は、ご即位後に皇后さまもご一緒にお参りになられました［注12］。

皇后さまが初めて天皇とともに神宮にお参りにいらっしゃる。それは「とてもおめでたい」と、伊勢の住民として「奉祝《ほうしゅく》」（お祝い）をしたい。そこで、神宮のご創建に多大な功績のあるヤマトヒメを祀るお社をきちんとおつくりして奉祝の気持ちを伝えたいと望まれたのです。

川村　すぐに認められたのですか？

櫻井　何度か請願があり、1921（大正10）年に、皇大神宮の別宮「倭姫宮」の創建の許可がおります。

大事なのは、ご祭神が「倭姫命」（ヤマトヒメ）とはっきり決められたこと。場所は内宮と外宮の中ほどの倉田山です。

川村　別宮とは、ご正宮に次ぐ格の高いお社です。それがちゃんと位置づけられたのですね。

櫻井　倭姫宮のご創建にあたり、土地を造成したり、献木があって、森づくりもなされています。

ご祭神が女神《めがみ》だからということでしょうか、社殿の規模やご神宝などは同じく皇大神宮の別宮で、アマテラスの母神のイザナミノミコト（伊弉冉尊）を祀る「伊佐奈弥宮《いざなみのみや》」に準じられたようです。

このご創建には、伊勢の神都婦人会も何らかの役目を果たしたのではないでしょうか。

［**注12**］1915（大正4）年11月の天皇の神宮参拝にあたり、皇后は懐妊中のため北白川房子内親王が名代として参拝。皇后ご自身は翌年3月に参拝、また倭姫宮創建のちょうど前年にあたる1922（大正11）年11月5日にも神宮参拝をされた。

川村　女性の力ですね。神宮の中では、100年ともっとも新しいお宮ですが、女性の神、ヤマトヒメを祀るときに、そこには女性たちの力があった。

櫻井　そして、1923（大正12）年11月5日に、倭姫宮のご鎮座祭がおこなわれました。これは、2千年という神宮の歴史の中で、人格を神霊として祀るという前例のないことでもありました。また、その前年の1922（大正11）年に、神都処女《おとめ》会が創設されていることに縁が感じられます。ただし、この年の9月に関東大震災があり、鎮座祭の日程は1カ月延びましたが、市内の女生徒約2655名が奉祝歌をうたい旗行列をおこなったようです[注13]。

昭和に入ってからですが、婦人会と処女会が連名で「倭姫宮表参道」という立派な石標を建てており、奉賛活動がなされてきた様子がうかがわれます。

川村　そして、今年2023（令和5）年が「倭姫宮創建100年」の記念年になります。ヤマトヒメのご巡幸の物語は、とても興味深いので、多くの人に知ってもらいたいですね。

［注13］倭姫宮の造営工事の最初の祭儀である「鎮地祭」（1921年3月31日）でも華やかな行事がおこなわれた。櫻井治男「『倭姫宮鎮座祭行進歌』と『鈴木暢幸先生』」（『瑞垣』256号、2023年10月）参照。

倭
倭姫宮

元伊勢・伝承地巡り1

トヨスキイリヒメ 編

檜原神社

今から約2千年以上も昔のことです。第10代崇神《すじん》天皇の御代に疫病が大流行し、国内の人口の半分が亡くなりました。多くの人々は都を離れ、社会が不穏となったそうです。まさにコロナ禍の起きた現代と似ていますよね。

そのとき、崇神天皇は、それまでずっと宮中で祀っていた皇室の祖神《おやがみ》のアマテラスを、歴史上初めて宮中から出されて、皇女トヨスキイリヒメにより「笠縫《かさぬいの》邑《むら》」［図①］に、「磯《し》城《き》の神籬《ひもろぎ》」を立てて祀ったのです。

日本最古の神社である大神《おおみわ》神社のご神体である三《み》輪《わ》山《やま》から奈良盆地の山裾に続く日本最古の道の一つ「山の辺の道」。この道中にご鎮座する「檜《ひ》原《ばら》神社」（大神神社摂社）が、その「磯城の神籬」だとされます。

神籬とは、臨時に設けられた祭祀をおこなう施設のこと。臨時とはいえ、ここに33年間お祀りされ、アマテラスが遷《うつ》られたあとも引き続きお祀りし、「元伊勢」と今に伝わり、「皇大神宮《こうたいじんぐう》聖跡《せいせき》　倭笠縫邑《やまとかさぬいのむら》」の碑もあります。大神神社と同じ、鳥居が横一列に並ぶ独特の三ツ鳥居が目を引く、清められたご神域。今もアマテラ

倭笠縫邑の碑

スは祀られています。そして1986（昭和61）年には、トヨスキイリヒメもご一緒に小宮で祀られました。

お宮からは奈良（大和の国中）を一望でき、「ふたかみやま」と呼ばれた二上山《にじょうざん》に沈む夕日の絶景スポット。トヨスキイリヒメも美しい夕日を眺めただろうと想いを馳せます。

アマテラスと皇女二人のご巡幸《じゅんこう》がスタートした〝出発の地〟と思うと感慨深いです。トヨスキイリヒメは、50年以上をかけて5カ所に巡幸し、アマテラスを祀りました。

次に「吉佐宮《よさのみや》」〔図②〕へ。その比定地（そこだと推定される場所）である「元伊勢　籠神社《この》」（京都府宮津市）へお参りに。日本三景の一つ「天《あまの》橋立《はしだて》」の近くです。

社名に「元伊勢」と添え書きされていることからもわかるように、伊勢神宮と縁も深く、「元伊勢」というと籠神社が有名です。

拝殿も神宮と同じ神明《しんめい》造りで、千木《ちぎ》と呼ばれる、屋根の端の装飾も、天に向かい平行する形が、神宮の内宮《ないくう》と同じ。

屋根の上におく丸太の鰹木《かつおぎ》も内宮と同じ10本。拝殿の廊下にある欄干には赤、白、黒の美しい玉「五色の座玉《すえたま》」も神宮と同じものが、こちらでは目にすることができ、ありがたいです。

元伊勢　籠神社

毎年3月3日には「天照大神《あまてらすおおかみ》御鎮座記念祭」がとりおこなわれているそうです。

奥宮の「眞名井《まない》神社」に、アマテラスは4年祀られました。そこには古来、神が宿る磐座《いわくら》があり、畏れ多い気持ちが沸き上がり、自然と手を合わせたくなります。

丹後地方（京都府福知山市・丹後市）には、他にも「吉佐宮」とされる「元伊勢内宮皇大神宮《もといせないくうこうだいじんぐう》」「元伊勢外宮豊受大神社《もといせげくうとようけだいじんじゃ》」「比沼麻奈為神社《ひぬまない》」の元伊勢三社もご鎮座しています。

次に、大和に戻り「伊豆加志本宮《いつかしのもとのみや》」［図③］（與喜《よき》天満神社とされる）でアマテラスを祀り、その後、木乃国「奈久佐濱宮《なぐさのはまのみや》」［図④］へ。こちらは和歌山市に鎮座する創建2600余年の歴史ある一宮《いちのみや》［注1］の「日前《ひのくま》神宮・國懸《くにかかす》神宮」とされます。

日前神宮・國懸神宮

〝木の国〟らしく樹木が豊かな美しい参道を進みつつ、心も清められていきます。つきあたりの左右に両宮がご鎮座しています。

この両宮は、アマテラスの天の岩戸神話で、岩屋戸に隠れたアマテラスのために八百万《やおよろず》の神々が祭りをおこなったとき、三種の神器の一つ「八咫鏡《やたのかがみ》」と同時につくられた「日像鏡《ひがたのかがみ》」と「日矛鏡《ひぼこのかがみ》」をご神体に祀ります。

トヨスキイリヒメにより、アマテラスが祀られていたときは、御鏡《みかがみ》三つがご一緒に祀られていたのかと思うと、神話の世界と、元伊勢の伝承、そしてお参りする「今」が一つになっていくようです。

またこちらの神職さんは、初代の神武《じんむ》天皇に紀伊国造《きいのくにのみやつこ》と統治を任されたアメノミチネノミコト（天道根命）のご子孫の紀氏の方が、連綿と現代まで祭祀を受け継がれています。まさに神話が今も生きているのです。すごいです。

　トヨスキイリヒメは、吉備国「名方濱宮《なかたのはまのみや》」［図⑤］（現在の岡山市「伊勢神社」とされる）へ。

　その後、「吾、日足りぬ」と語られて、大和国「御室嶺上宮《みむろのみねのかみのみや》」［図⑥］へ戻ります。

　こちらも奈良県桜井市の大神神社のご神体の三輪山に鎮座する「高宮《こうのみや》神社」ではないかとされています。

　この「御室嶺上宮」で、トヨスキイリヒメは、姪で垂仁《すいにん》天皇の皇女ヤマトヒメに、アマテラスを永久に祀る聖地を探し求める御杖代《みつえしろ》の大役を引き継がれたのでした。

　残念ながら、コロナ禍で三輪山への登拝がしばらく中止されていて、まだ登れていません。2023（令和5）年5月から受付が再開されたそうなので、機会があれば、敬虔な心で慎んで登拝し、トヨスキイリヒメとヤマトヒメを感じたいです。


（文・写真　川村）

［注1］一宮　かつて諸国の国内で第一の地位をしめた神社。（『神道事典』より）

第2章

ヤマトヒメの一代記『倭姫命世記』とは？

ご巡幸を記した古文献がある

川村　1章で、皇女のトヨスキイリヒメとヤマトヒメは、カミヒト的な存在「御杖代《みつえしろ》」として、アマテラスをお祀りするところを探し求める旅に出られたと紹介しました。しかも、皇女二代で、80年以上の長い年月をかけられていた。

でも、2千年も前のことを、どうして私たちは知ることができるのでしょう？

櫻井　まず、崇神《すじん》天皇の御代に、疫病が流行し社会が乱れ、「アマテラスをトヨスキイリヒメに託して、倭《やまと》の笠縫《かさぬい》に祀り、磯堅城《しかたき》の神籬《ひもろぎ》を建てた」という記述は、奈良時代にできた日本の最初の国史『日本書紀』（養老4年・720年）の崇神天皇の巻に記されています。

そして次の垂仁《すいにん》天皇の巻には、こうあります。

垂仁天皇二十五年三月
天照大御神《あまてらすおほみかみ》を豊耜入姫命《とよすきいりびめのみこと》より離《はな》ちまつり、倭姫命《やまとひめのみこと》に託《つ》けたまふ。爰《ここ》に倭姫命、大神を鎮《しづ》め坐《ま》させむ処《ところ》を求めて、菟田《うだ》の筱幡《ささはた》に詣《いた》り（中略）更《さら》に還《かへ》りて近江国《あふみのくに》に入り、東美濃《ひむがしのかたみの》を廻《めぐ》り、伊勢国に到《いた》る。

『日本書紀』より

アマテラスが伊勢国に居たいと仰って、「祠《やしろ》を伊勢国に立て、斎宮《いつきのみや》を五十鈴川《いすずがわ》のほとりに建てられた。即ちアマテラスが初めて天《あめ》より降《くだ》ります処《ところ》なり」とあります。ただ、トヨスキイリヒメからヤマトヒメに、御杖代をバトンタッチされたことと、どこの国を巡ったかだけのシンプルな記載でしかありません。

平安時代の804（延暦23）年につくられた神宮関係の古記録『皇太神宮儀式帳《こうたいじんぐうぎしきちょう》』と『止《と》由気宮《ゆけぐう》儀式帳』があります。これは、神宮の由緒をはじめ、お祭りや行事、神宮のいろいろな事柄をレポートした神宮側の朝廷への報告書ですね。

この『皇太神宮儀式帳』には、『日本書紀』の記述に加えて、ご巡幸《じゅんこう》地に伊賀国が登場し、ヤマトヒメが巡った土地の名前、アマテラスをお祀りした宮の名前、さらにその地域から献上された神田《しんでん》や神戸《かんべ》［注1］という神領《しんりょう》も記されています。

川村　神領とは、その神社の領地という意味ですよね。巡幸地で米をつくる田や、そこで働く人が神宮専属とされて、アマテラスの領地となったということですね。『日本書紀』より詳しくなったんですね。

櫻井　さらに、それ以上に詳しく綴られているのが、中世の鎌倉時代にできた『倭姫命世記』です。これは『神道五部書』[注2]と呼ばれる、伊勢神道[注3]の経典、神典ともされていて、神宮のいわれや、伊勢神道の教えが記されています。この『倭姫命世記』は、五部書の一つです。

『倭姫命世記』は、トヨスキイリヒメが巡られた地と、御杖代を委ねられたヤマトヒメの一代記といった形で、巡られた土地の名前が次々と出てきて、さらにはその土地で、何が起きたのかの物語が詳しく綴られています。

川村　私が、ヤマトヒメとくわしく出会ったのも、『倭姫命世記』を元にした巡幸地巡りの本『倭姫命の御巡幸』でした。そこに紹介されている物語にとても心惹かれました。

［注1］**神田・神戸**　神田は神社の祭祀にお供えされる稲をつくるための田、また神社の諸経費をまかなうための田。神戸はそこに従事する人。

［注2］**神道五部書**　中世の伊勢神道の経典として神聖視された。『倭姫命世記』は、その一つで、他に『天照坐《あまてらします》伊勢《いせ》二所《にしょ》皇太神宮《こうたいじんぐう》御《ご》鎮座《ちんざ》次第記《しだいき》（御鎮座次第記）』、『伊勢《いせ》二所《にしょ》皇太神《こうたいしん》御鎮座伝記《ごちんざでんき》（御鎮座伝記）』『豊受《とゆけ》皇太神《こうたいじん》御鎮座本記《ごちんざほんぎ》（御鎮座本記）』『造《ぞう》伊勢《いせ》二所《にしょ》太神宮《だいじんぐう》宝基本記《ほうきほんぎ》（宝基本記）』がある。

［注3］**伊勢神道**　伊勢の外宮《げくう》（豊受大神宮《とようけだいじんぐう》）に奉仕する神主の度会氏《わたらいうじ》が提唱した神道説。（『神道事典』より）

『倭姫命世記』をひもとく

ていいるんです。

櫻井　ただ、この『倭姫命世記』は、学術的には「古代の史実そのままではない」とされ

川村　それはなぜですか？

櫻井　まず先ほど紹介された『神道五部書』はそのように呼ばれるようになるのは江戸時代になってからなのですが、『倭姫命世記』の内容が、『日本書紀』や『古語拾遺』［注4］などを参考に創作されたのではないかという考証が出てきたんです。

川村　そういえば、『倭姫命世記』の冒頭は、「天地開闢《てんちかいびゃく》［注5］し初《はじめ》」と、書かれていて『古事記』『日本書紀』のような、天と地がまだわかれていないころという神話と同じはじまり方ですね。

最初に、アマテラスとトヨウケノオオカミ（豊受大神）の約束（契り）があり、アマテラスの孫神が、天から地上に降りる天孫降臨《てんそんこうりん》といった神話からはじまり、初代の神武《じんむ》天皇即位、天皇とアマテラスがご一緒だった「同床共殿《どうしょうきょうでん》」が綴られたあと、ようやく「トヨスキイリヒメとヤマトヒメ」の物語へと入っていきます。

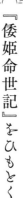

冒頭は、まさしく神話を集めたようで……でも、それ以降は、ご巡幸の物語になっています。

櫻井　そして「古代の史実そのままではない」という意見に対して、神宮側の立場にたつ人からは「ご巡幸の部分等には、神宮からの古い伝えが残っている」という反論も起こります。

また、『倭姫命世記』の写本の最後にある奥書《おくがき》に、「奈良時代にできた」と記されたことも疑問視されました。冷静にみると、鎌倉時代に伊勢神宮の外宮《げくう》の神官さんがまとめあげただろうとされています。でも、書かれている内容がまったくの創作ではないこともあります。

正しい古くからの伝承もあるだろうし、後に付け加えられた伝承もあるだろう……そういうことを含めてトータルで出来上がっているといわれています。このことは、研究面では重要ですが、もう一方で、私たちが今、この古典を読むとなぜ興味深いのか？　ということも大事な問いです。

［注4］古語拾遺　平安時代に、古代祭祀を司った忌部氏の斎部《いんべ》広成が編纂し、平城天皇に提出した歴史書。
［注5］天地開闢　もとは一つで混沌としていた天と地が、やがて二つにわかれていった世界のはじめ。

川村　ヤマトヒメのご巡幸の物語には、他の神話にはない、ヤマトヒメのご苦労や喜びがあり、その独自性に私は心動かされました。興味深いと思いましたし、多くの人に知ってもらいたいと思いました。

櫻井　これまでの議論とは別に、物語に着目すると、『倭姫命世記』のテキストを、現在あるがままに受け入れて楽しむという理解もあります。最近の研究では、『日本書紀』や『古語拾遺』などすでに知られている古典と共通する部分、でも『倭姫命世記』には他にはない部分があることから、中世日本紀とか中世神話として研究がおこなわれています。『倭姫命世記』には、ヤマトヒメがその地を廻られた理由や、どのようにトヨスキイリヒメから御杖代をバトンタッチされ継承されたかの物語も出てきて、ヤマトヒメをみていく材料になります。ですから、私たちは、『倭姫命世記』の物語性に焦点をあてて一緒に読み進めていきましょう。

川村　はい、ありがとうございます。

神話的世界から地上の伝承へ

櫻井　先ほど、川村さんは『倭姫命世記』の冒頭は、天地開闢からはじまり神話のようだ」といいましたね。それは、神話的手法ではじまるからです。神話は、「あのとき○○で」という、〝はじまり〟の時の設定が大事なわけです。空間も、地上というよりも、どこかバーチャルな高天原《たかまがはら》という〝世界〟である。

神代《かみよ》の時代ですね。そして神が天から地上に降りてくる天孫降臨があり、やがて時代がくだるにつれて、歴史の時代となり、天皇がアマテラスを宮中で実際にお祀りをしていること……それは国史の『日本書紀』に天皇の時代のこととして書かれています。そこから、「同床共殿」で祀られていたが、宮中からアマテラスさまを出された……と、非常にシンプルな記述になっていきます。

川村　確か、「崇神天皇○○年○月に○○に」という感じだったような。

櫻井　そう。『倭姫命世記』を読んでみると、神話的な立体的な時空間から、「崇神天皇何年何月どこそこにアマテラスを遷し祀る」とあり、そして何が起きたかが詳しく綴られていきます。立体的な空間から、平面的な歴史や伝承となっていくわけです。そこで、私た

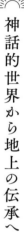

ち読み手は「天上界ってどこにあるんだろう？　そこの高天原ってどんなところだろう。」といった想像から、「このときアマテラスはどこに祀られていたのだろう？」と、違った時間軸の関心を引き起こすわけです。

川村　はい、読んでいて、私たちの視点が変わるというか。

櫻井　いつどこで何が起きたかと知っていくには、『倭姫命世記』は非常におもしろさを持っています。

川村　入り口は神話でありつつ、具体的には神話性もあり、そして伝承や物語もおもしろいです。

櫻井　ですので、私たちは、冒頭の「天地創造の開闢」のところは控えて、ヤマトヒメのご巡幸の事跡《じせき》を読み進めていくことで、この物語を読み解いていきましょう。

川村　そうですね。神話のところは、『古事記』『日本書紀』をご覧いただきましょう（笑）。

神社の持つ聖地性？　『倭姫命世記』で感じるもの

川村　「『倭姫命世記』は、古代の史実そのものではない」という研究があると聞いて、今思ったのですが、私たちが神社にお参りするときに、「ここの神社の神さまは史実だろうか」と議論したりして、お参りはしないですよね。

ご神前にお参りするときは、頭では考えず、その神社という聖地性、自然、清浄さ、明るさ、光を感性で感じ受け止めています。

西行法師［注6］が伊勢神宮にお参りしたときに「何事の　おはしますをば　知らねども　かたじけなさに　涙こぼるる」と詠まれたように、身が引き締まるといった身体性や、何か感じるという、心が動く、心身が清められる、落ち着く、整うといった五感で感じることを求め大切にしている気がします。

櫻井　それはやはり、神社という場の持つ聖地性でしょうね。

川村　はい。『倭姫命世記』を読んでいても、ヤマトヒメがご巡幸されてアマテラスを祀られていたという物語や伝承がとてもおもしろいと心が動き、聖地の物語としても、今の人々の心に触れるのではないかと思ったのですが。

櫻井　そうですね。私たち研究者ですと、神社の由緒や歴史に限らず、祭について、また

［**注6**］**西行法師**　平安時代～鎌倉時代初期にかけて活躍した歌人。諸国を旅して生涯2千首以上の歌を詠み、やがて伊勢の二見《ふたみ》浦《うら》に移住した。

神社がどう営まれているか、お社の持つ雰囲気など総合的に関心を持ったりします。実際に、2千年前にヤマトヒメが巡ったというお社を訪ねてみると、そこは元々そうだったのか、ヤマトヒメがアマテラスを祀ったからお社を大事にしてこられたのかはわかりませんが、それぞれ独自の雰囲気を持つ場所になっていますよね。

2千年前から伝わる生きた伝承

川村 今から約2千年前とされる、ヤマトヒメとトヨスキイリヒメがご巡幸されたところには、伝承が残っていること。そしてそこにお参りできるということを、ほとんどの人が知りません。なんともったいないことでしょう。

ご巡幸地には、ヤマトヒメが腰かけたとされる「腰掛石」が残っていたりもします。神《かん》戸《べ》神社（三重県伊賀市）では、ヤマトヒメに鮎を献上したことから、今も、古来の梁《やな》漁で獲った鮎を干し鮎にして、毎年、伊勢神宮の六月の月次祭《つきなみさい》［注7］に奉納されているそうです。多くの伝承が生きているのです。

櫻井 ヤマトヒメが巡られたところというと、伊勢の神宮に近づくにつれ、物語がおもしろくなってきます。ヤマトヒメが乗る船に、魚が喜んで飛び込んできたとかね。

川村　その川の名は櫛田川《くしだがわ》といいますが、ヤマトヒメが、櫛を落とされたところを「櫛田」と名づけられたことに由来しますね。この櫛田川で、船に魚が飛び込んできたのをヤマトヒメが見て喜ばれて「魚見社《うおみしゃ》」という社を定められたとありますね。

櫻井　あと有名なのが真名鶴《まなづる》伝説です。これは、アマテラスが、五十鈴川の川上に祀られた翌年の話です。

稲をくわえた真名鶴が昼夜問わず鳴いていることから、ヤマトヒメは、この鶴がどこからくるのかを調べさせます。すると、志摩国の伊雑《いざわ》（磯部）に飛んでいき、一基から千の穂に繋った稲をアマテラスに献上するようにこの真名鶴が空を飛び回っていることを知るわけです。

川村　そこで、ヤマトヒメは、「物言わぬ鳥も、大神（アマテラス）に捧げようとしている」と感動されて、お宮を建てた。それが、伊勢神宮の別宮「伊雑宮《いざわのみや》」の起源とされます。

［**注7**］**月次祭**　6月と12月に伊勢神宮でおこなわれる大祭。10月の新穀を奉る神嘗祭《かんなめさい》と合わせて「三節祭」と呼ばれる、神宮で最も由緒深い祭典。浄闇《じょうあん》の中、午後10時と午前2時に「由貴大御饌《ゆきのおおみけ》」がお供えされ、正午には奉幣《ほうへい》の儀がおこなわれ、皇室の弥栄《いやさか》、五穀の豊穣、国家の隆昌、国民の平安を祈願する。外宮、内宮をはじめすべてのお社でおこなわれる。

櫻井　伊雑宮から少し西に離れますが、南伊勢町の旧穂原村の伊勢路にも「穂落宮《ほおとしのみや》」というのがあって、鶴が飛んだという鶴路山《かくろざん》の麓の田は、水がきれいで良いお米ができるという伝承が残っています。

地元の人たちも「ここのお米は美味しいんだ」と、誇りを持って米を育てているんですね。まさにヤマトヒメの物語とどこかでリンクする。伊勢には伝承とリンクするところがとても多いです。なお、もう一つ、佐々牟江《ささむえ》（多気郡明和町）にも、同じ真名鶴伝説があるんですよ。

川村　神宮のお祭りに献上される熨斗《のし》あわび、二見《ふたみ》の塩……もそうですよね。ご巡幸地を巡りお参りしながら感じたのですが、ヤマトヒメに鮎、お米、お酒、あわび、お塩などを献上したという伝承や、物語が地名の由来となっていたこと、今もその地域に伝承が生きていることも、多くの人が知りません。

私は、「神話は今も生きている」とよく思うのですが、ヤマトヒメのご巡幸の伝承も、脈々と地元の皆さんや、子孫の方々が受け継いでいて、大切にされている。その精神性が素敵だなと感動します。人々がつなげてきた祈りの心というのでしょうか。

櫻井　長い歴史の中では、ときにそういう場所が忘れられたりもしたと思うのですよね。

川村　『倭姫命世記』に出てくる神社は、それほど有名な神社ばかりではないので、忘れられているところも多いですよね。

櫻井　そう、いわゆる国家的な位置づけにあった官幣社《かんぺいしゃ》［注8］ではない地域密着型のお宮ですね。

川村　それぞれ地域の中のお社が多いです。神職さんが常駐していないお宮もあります。それでも、先ほどもいいましたが、神社で大切なことは、畏れ多いと感じる気持ちや、祈りの心、人々の営みです。

神道は、自然そのものの中に潜む見えない力を「カミ」として畏れ崇め、自然と共に生き、祖先と共に生き、人々と共に生きる道でもありますよね。

櫻井　神道におけるカミの観念としては、自然の働き、存在に霊性を見出すのは、古代だけじゃなく現代においてもありますよね。

［注8］官幣社　古代の神社の制度で、神祇官（朝廷の組織）より幣帛《へいはく》を受けた格式の高い神社。

お参りをして感じる「ツナガリ」

櫻井　もう一つ大事なことは、神社にお参りされるとき、けっして自分一人ではないということです。過去に必ず誰かが訪れてお参りをしている。直接顔は合わしていないけれど〝ツナガって〟いて、「私は今ここに立っている」という想いが生れる。そういう「つながり」の中に、神さまの存在を感じることも大切なことではないでしょうか。

誰も来ていない自分だけの秘密の聖地も欲しいかもしれない。けれど、自分がそこにお参りをできたのは、単に自分だけの場所ではなく、他の誰かもお参りに訪れているから。だからこそ、感じられるものもありますよね。

それが、ここでいうと、ヤマトヒメが定められたお社、ご縁のお宮ということで、ヤマトヒメとは〝見ぬ世の友〟となり、自分は、ヤマトヒメとここで、一緒につながっているのだと感じられる。シンパシイを感じられることがあるのではないかな。

川村　この地にヤマトヒメが辿りつかれて、アマテラスをお祀りする祭祀をされた。

櫻井　お社をそこにおかれた。

川村　お社では、ヤマトヒメとの〝出会い〟を感じて「お招きありがとうございます」と手を合わせてお参りすることで、ヤマトヒメとつながることができますね。
遥か古《いにしえ》に、ヤマトヒメがその地を巡られたとき、その地にいた人々も、ヤマトヒメを受け入れて、田を献上するなどをした名もなき市井《しせい》の人々の祈りもすごいなと。そしてヤマトヒメが、次の地へ旅立った後も、お祭りをおこない続けます。その祈りが今も伝承されていることの尊さ、お宮もきれいに整備されていることにも感動しました。

櫻井　川村さんもお参りされた、伝承地の一つ、京都の天橋立《あまのはしだて》の北方「籠《この》神社」も、各地からの旅人がお参りするところでした。
庶民が自由に旅できるようになったのは、江戸時代になってからでしょうね。それも、その場が守られるように、在地の人々の気持ちや、代々伝えられてきたこともあると思うのですね。

川村　「一生に一度はお伊勢さん」と、伊勢の神宮への「伊勢参り（お陰参り）」も江戸時代にブームになっていますね。

櫻井　一方、伊勢の場合では、倭姫宮《やまとひめのみや》がご創建される前には、ヤマトヒメの御陵《ごりょう》（お墓）とされる「尾上御陵《おべごりょう》」が廃れてしまい顧みられなくなっていました。「これではいけない」という想いも重なり、ご創建につながっていった気がします。

川村　そこにも人の想いがありますね。ここでは、櫻井先生とご一緒に、『倭姫命世記』から、各地に伝わるヤマトヒメの伝承をご紹介していきたいです。

櫻井 文献や記録に残っているところや、それ以外にも土地の民話として伝えられているところもありますね。

そういう意味では、ヤマトヒメのご巡幸は、出発点（大和国）と帰結点（伊勢の神宮）が決まっているので、私たちがそれを巡るのは、一種の巡礼的な意味もありますね。

川村 まさしく。世界中がコロナ禍を経験し、社会が不安だったりする中で、ヤマトヒメがアマテラスを祀りながら旅をされたご巡幸地とされる神社を巡ることで、ご苦労される姿を想像し、「ここまで旅をされたのか」と、感じて勇気をいただいたりと、それこそ、ヤマトヒメやアマテラスの大神につながれる感覚が、何かしらあったりと、巡礼的な旅になるかと思います。ぜひ、ご提案したいです。

櫻井 いずれもお社には、こんもりとした森があり、特別な石や井戸があり、水辺であるなど、自然とつながっています。この自然とのつながりに、私たちは戻っていくということ。元へ――この〝元を訪ねる〟というのはとても大切なことですよ、と。

川村 そうですね。自然に、元に還る。自然と共に、見えないものと共に、先祖と共に、他者と共に生きる、共生させてもらっている、そのことを、日々の暮らしの中では忘れてしまっていますよね。

櫻井 今の時代だからこそ、自然に立ち返り耳を澄ます。

川村 自然の声を聞く。

櫻井 そう、自然の声を聞くことを回復できるかどうか、私たちには必要かもしれません。

ご巡幸の旅は一人ではなかった

川村 『倭姫命世記』によると、大和国から出発されたヤマトヒメには、旅の同行者もいますし、旅先での出会いもありますね。

櫻井 そう、「五大夫《ごたいふ》」というお付きの人たちがいました。

川村 五大夫は、当時の朝廷の重臣をつとめた有力な豪族たちですよね。それぞれに、旅先での交渉、祭祀、食と住の確保、護衛、旅の先導と役割があるのもおもしろいです。

他にも、童女と出会い、そのままお仕えすることになったり、伊勢国では、ご巡幸の右腕ともなるオオワクゴノミコト（大若子命。以下、オオワクゴ）とも出会ったりと、まさにチーム・ヤマトヒメ（笑）。

櫻井 チーム・ヤマトヒメ？（笑）

川村　はい。ヤマトヒメだけじゃなく、旅を共にする仲間がいて、各地の出会いがありと、ヤマトヒメからは、さまざまなものと和合する力も感じます。そしてヤマトヒメの願い、思い、こころも読み取れて、生き生きとした神話の物語性も感じます。

またこれは、ヤマトヒメが、御杖代の役目を受け継いだ少女時代から、信頼できるチーム・ヤマトヒメとして旅を続ける中で、出会いもあれば、難関やご苦労もされて、心も揺れ動いていて、ご自身が成長しながら目的を達成する〝成長物語〟でもあると感じました。

櫻井　これまで、『倭姫命世記』を成長物語として読んだ人はいないんじゃないかな。ユニークな視点です。

川村　実際、物語にはヤマトヒメの迷い、喜び、不安といった感情がいきいきと描かれています。それは、私たち一人一人が人生という旅を続けるのと同じように思います。だからこそ、この物語から学べることが多いと思うのです。

櫻井　『倭姫命世記』の注釈書は、古典の注釈スタイルが中心です。もしくは巡幸地に特化されたものが多いので、「この地で（ヤマトヒメが）喜んだ」とか「侘しい」「悲しんだ」というところに反応する人はいなかったかもしれない（苦笑）。

川村　すみません（笑）。でもそういうフィーリングというか、こころの動きを感じて、心の琴線に触れる人もいると思いますね。

櫻井　ええ、そういった感動が、100年前に、倭姫宮を創建しようというところにつながっているんじゃないでしょうか。

倭姫宮ができたあと、奉賛《ほうさん》［注9］する人たちの「御杖代奉賛会」が、第二次大戦後に創立します。そしてそこに、板倉白龍《いたくらはくりゅう》という彫刻家がいて、ヤマトヒメの像を1000体制作することを目指して成就され、その像を寄附されていった。最終的には1700体弱とか。そういう気持ちを持った方々がご創建の当時にもおられたのでしょう。

川村　ヤマトヒメを知ってほしい、という私のこの気持ちは、当時の奉賛会の方の想いに近いかもしれませんね。

櫻井　そこに暮らす人は神領民《しんりょうみん》と呼ばれていた伊勢だから、ヤマトヒメの偉業を讃えたいという気持ちだったでしょうね。私たちも、ご創建100年の年に、ヤマトヒメのご巡幸の全体の道中を見て、感じられた世界を届けられるといいですね。

［注9］**奉賛**　神社やお寺などの仕事につつしんで賛助すること。

元伊勢・伝承地の比定地

川村 『倭姫命世記』に綴られているご巡幸地。かつてアマテラスが何年かお祀りされた伝承が残り、「元伊勢」と呼ばれ、今もお参りできる神社がありますよね。

櫻井 はい、ご巡幸地であっただろうところを「比定地《ひていち》」と呼んでいます。

川村 その「比定地」って、どうしてわかるのでしょう？

櫻井 いちばんの鍵になるのは「地名」でしょうね。

たとえば、最初に宮中から出てお祀りされるのが、崇神天皇の御代に「倭の笠縫邑に磯堅城の神籬を立てて」とあります。すると、まず「倭」は大和で、今の奈良県とはっきりわかります。

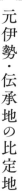

次に笠縫邑とはどこだろう？　と、地名を頼りにしながら伝承や資料、またこれまで先人たちが研究して考察してきたものを振り返りながら「ここがいちばん有力だろう」「ここは疑いもあり、はっきりとはいえないが重要だ」と、あてはめていきます。

崇神天皇の宮「瑞籬宮《みづかきのみや》」も奈良県桜井市に伝承地がありますが、宮跡《きゅうせき》地や御陵はと、考古学的な発掘や発見で決まっていきます。けれど、長い歴史的な流れの中では、わからなくなったり、また、絶対的にここかというと不確かなことでもあります。
ところが、ご巡幸地の有力な候補地の中には、神社や、人が踏み入れてはいけない土地、聖地として守られてきているところが多いのです。

川村 あっ、アマテラスや神さまを祀っているので神社が多い。

櫻井 そう、神さまを鎮祭、祀る社は、やはり神社であるがゆえに残っている。また地域の皆さんが大切にするからこそ、伝承を明らかにする場としての大事さが生きているわけですね。
ただ、その神社が、絶対的に昔からそこにあったかというと、自然災害や、祀る人がいなくなるなど、何千年も変わらずというのは難しいことがある。

川村 神社の場所が変わっても、お祭りが続いていたりもしますね。

櫻井 一度は途切れても、復旧して祭りを再興されることもあります。そして神社の社史、石碑、社殿の建て方などに由来が残っていたりする。

川村 それで『倭姫命世記』のご巡幸地が、この辺りじゃないか、という「比定地」が残っているのですね。

櫻井 古代のことを振り返り、研究もおこなわれるようになり、「ここだろう」という考証もされて。ご巡幸地の比定地が「ほぼここだろう」と、有力な1カ所の場合もあれば、複数の候補があるところもありますね。

川村　それが、櫻井先生が表（巻末に掲載）にまとめてくださったように、私たちは、ヤマトヒメがご巡幸された元伊勢・伝承地の「比定地」に、お参りしようと思えばできますよと、皆さんに伝えられますね。

櫻井　お参りしてみると、どこも鎮守の杜で、世俗化した時代の中にあって趣のあるお宮が多かったでしょう？

川村　はい。ご巡幸地を巡ってみると、けっして大きなお宮さんではありませんが、静謐さに満ちる清らかな神社が多かったです。

櫻井　お社や境内地に、井戸や清水など、私たちが生きていく上で大切な水を頂戴できる場所も多い。これは、井戸、泉への信仰という以上に、そこが、人々の生活の営みの場として、今も生き続けてきているということです。

川村　地元の方々の生活の営みの場としても、ずっと生き続ける聖地……。

櫻井　たとえば、籠神社の奥宮の「眞名井《まない》神社」は、トヨスキイリヒメがアマテラスを祀った元伊勢とされているけれど、地域の人としては水の根源地であり、神さまにお供えする場でもある。

川村　10年程前にお参りしたとき、地元の方がお水を汲みにいらしてました。こうした2

千年前のご巡幸地の「比定地」が、現代にも続いています。次の章では、トヨスキイリヒメとヤマトヒメのご巡幸地の「元伊勢」と伝承をご紹介しましょう。

元伊勢・伝承地巡り2

ヤマトヒメ編

〈巡幸の始まり〉

コロナ禍が続く中、全国旅行支援がスタートした2022（令和4）年4月、ヤマトヒメがアマテラスを祀り旅したご巡幸《じゅんこう》地を巡りに、ようやく出発することができました。一度に26カ所全部は巡れないので、春、夏、秋と分けての、私の〝ヤマトヒメに出会う〟旅です。

最初に訪れたのは、ヤマトヒメがご巡幸に出て、初めにアマテラスを祀った「宇多秋宮《うたのあきのみや》」［図❼］といわれる「阿紀《あき》神社」（奈良県宇陀市）さんです。

阿紀神社

静けさに満ちて、質素で清らかな気品あるご神域で、神明《しんめい》造り（神宮と同じ社殿のつくりかた）の拝殿にお参りしているだけで、なぜか涙が溢れてきました。「ここがはじまりのお宮。やっとお参りできた」という思いもあり、自然豊かな鎮守の杜、小鳥のさえずり、きれいに整備された境内……古《いにしえ》から、地域の方が、祈り、大切に守ってこられた神々しい気が、心の琴線に触れるような……時空を超えて私の巡礼旅を、スタートさせてもらえたようでもありました。

さらにお宮から車で5分ほどの林の中に、古代の祭祀跡(阿紀神社旧社地)を見つけました。「倭姫命祭祀跡」の碑が建てられていました。氏子の方々が、2千年以上も前の伝承を受け継がれ、神を敬い祀っていることにも感動しました。

次にお参りしたのは、ヤマトヒメが「私の進むべき道はこれでいいのか？　よければ童女とあわせよ」と、神意をうかがい、そして童女オウネナ（大宇祢奈）と出会った「佐佐波多宮《ささはたのみや》」［図

篠畑神社

❽］とされる「篠畑神社《ささはた》」（奈良県宇陀市）です。

私はヤマトヒメの巡礼を一つの成長物語として受け止めているので、心の揺れやためらいを問いかけるこのくだりが、すごく好きです。ご巡幸に同行することになるこの童に、ヤマトヒメが神に仕えて祀る、明るく素直で正直で清らかなこころの大切さを伝えます。オオウネナは、かつて伊勢神宮の神に仕えた童女「大物忌《おおものいみ》」の元祖でもあります。

道路に面した珍しい乳白色の鳥居が優しく出迎えてくれて、石段をのぼると樹々に囲まれた静けさに満ちています。アマテラス、イチキシマヒメ（市杵島姫命）そして、童女のオオウネナこと、ササハタヒメ（篠畑姫）と、女神を祀るお宮だからでしょうか、とても柔らかで優しい清らかさを感じて、ずっとここにいたいと思うお宮でした。

宇陀市を流れる宇陀川から三重県の名張市を流れる名張川に沿って東へと向かいます。

名張川沿いには、「隠市守宮《なばりのいちもりのみや》」［図❾］の比定地の一つ「宇流冨志禰《うるふしね》神社」の近くに、ヤマトヒメが巡幸中に休んだ「弁天岩」が残っていましたが、時代と共に由来を知る人も少なくなったそうです。もう一つの比定地「蛭子《えびす》神社」では、拝殿の文字額、境内の石柱に、「隠市守宮」と記されていました。

名張川から木津川へ。木津川沿いの田園

の中にご鎮座する「神戸《かんべ》神社」（三重県伊賀市）は、「穴穂宮《あなほのみや》」［図❿］とされます。ご本殿が2013（平成25）年の伊勢神宮の「式年遷宮《しきねんせんぐう》」の後、こちらに造営された社殿で、荘厳で立派で品格があり、地域のお宮でありながら、神宮の趣を感じて身が引き締まるようです。

木津川で獲れた鮎をヤマトヒメに献上した伝承があり、今も神宮の6月の月次祭《つきなみさい》に干鮎を献上するなど、神宮と縁が深いです。神社の前に広がる田園を眺めていると、ヤマトヒメの時代から、ここでお米作りをしていたのかなと想像しつつ、鮎・米と、今も伝承が続いていることにヤマトヒメの足跡を実感しました。

ここからヤマトヒメ一行は北へ向かい、「敢《あえ》都美恵宮《つみえのみや》」［図⓫］へ。その比定地が「都美恵《つみえ》神社」（三重県伊賀市）。この地域の伝承には、柘植川でヤマトヒメが禊をしていると、お供の一人に「この宮を建てたのは誰か？」と尋ねる老人がいて、「皇女ヤマトヒメ」と答えると、その老人は、七色の龍神に姿を変えて、ヤマトヒメを見守ったという伝説があるそうで、この龍神を祀った「史蹟　雨龍神社跡」が川沿いに残っているのも見つけました。こういう発見って、ワクワクして嬉しい！　巡礼旅の醍醐味です。

次の「甲賀日雲宮《こうかひくものみや》」［図⓬］は、候補地がいくつかあります。垂水斎王頓宮跡《たるみさいおうとんぐうあと》、若宮神社、日雲神社と、どれも滋賀県甲賀市にご鎮座して

雨龍神社跡

います。

ヤマトヒメ一行は、滋賀県の野洲川から船で琵琶湖へと向かいます。私も交通手段や乗り継ぎ時間を調べ、電車・タクシー・バスを乗り継ぎながら移動です。

一回目のヤマトヒメに出会う巡礼旅。最後に訪れたのは、「坂田宮《さかたのみや》」[図⓭]とされる「坂田神明宮」(滋賀県米原市)。こちらは境内にJRの線路が通り、踏切があるのに驚きました。線路を越えて境内を進むと、荘厳なご神域で神明造りのご社殿に、神宮の内宮《ないくう》(アマテラス)、外宮《げくう》(トヨウケノオオカミ)が祀られています。ヤマトヒメも小宮に祀られています。この坂田の豪族や地域の方は、アマテラスとヤマトヒメを歓迎して迎え、水田を献上しました。この田は「坂田御厨《みくりや》」と呼ばれ、収穫したお米は、のちに神宮に献上したそうです。

坂田神明宮

神社の由緒書きには、「名残を惜しむ里人に見送られ、大御神は此の地を御発幸あらせられ美濃、尾張、さらに伊勢国に入られ……」とあります。

皆に敬われ親しまれたヤマトヒメ。別れを惜しみながら涙する里人たちに見送られて、次の巡幸地へと出立する姿が目に浮かびます。

宇陀川から巡幸の度に川が大きくなり、琵琶湖へ。初めて目にした琵琶湖に驚かれたでしょう。でもここで〝終わり〟ではなく、さらにアマテラスが永久に鎮まる宮地を求めて、ヤマトヒメの旅は続くのです。

(文・写真　川村)

インタビュー

はじまりの地「阿紀神社」

責任役員 浦岡英夫さん

「この辺りは、現在は迫間《はさま》といいますが、明治17年までは、伊勢神宮直轄の神田《かむた》もありました。伊勢神宮の直轄の神戸《かんべ》と神田があったのは、伊勢地方以外はここだけで、このお宮さんは、神戸村の総氏神《そううじがみ》でした。

それ以来、この阿貴野の地は神戸村と呼ばれていました。神宮にとっても特別のお宮だったのかもしれません」

そう語るのは、奈良県宇陀市に鎮座する「阿紀《あき》神社」の責任役員・浦岡英夫さんだ。浦岡さんは、80歳の今も仕事をしながら、神社の責任役員を15年ほど務めている。

阿紀神社は、ご巡幸《じゅんこう》の旅に出たヤマトヒメが、最初にアマテラスをお祀りになり4年間を過ごされた〝元伊勢〟の一社「宇多秋宮《うたのあきのみや》」とされているが、さらに古《いにしえ》の、初代の神武《じんむ》天皇即位前にも、皇室の祖先の神を祀ったと伝承が残っているという。

「この辺りは、縄文時代から人が暮らしていて、オオクニヌシの孫姫、アキヒメノミコト（秋姫命）さんが、アマテラスを祀ったのが最初で、そのあと、神武天皇が熊野の難所から大和国の宇陀に出て、必勝祈願のためアマテラスを祀ったとされています。

ヤマトヒメさんより前、神話の時代から連綿と歴史が続いているお宮で、この境内は、平安時代に、今のところに遷《うつ》ってきました。私たちはこのお宮に誇りを持っているんです」

明治24年には、氏子数1145戸だったが、現在は60戸。

「少ない氏子数で、神社を切り盛りしていくのは大変ですが、月に一度、氏子みんなで境内の掃除や維持管理をしています」

南向きの神明《しんめい》造りのご本殿、歴史ある能舞台と、お宮は、静けさと清らかさに満ちている。

「氏子さん以外にも、近隣の方、岐阜、沖縄、愛知、三重、岡山、島根など、各地からアマテラスさんやヤマトヒメさんのお参りにいらっしゃいます。本殿の前で、何かわからないけれど、神聖さを感じてこみあげるものがあるのか、涙ぐんでいる方もお見受けします。

きっと感受性の強い人は何か感じられるんと違うのかな。物見遊山というよりは、このお宮にお参りしたいといらっしゃる人、特に女性が多いです」

子ども時代は、この境内が遊び場だった。とはいえ、ヤマトヒメのことは知らなかったが、「神さまを大切にしなければいけない」という体験をしたことから、浦岡さん自身も崇敬の気持ちが強くなったという。

「50歳ぐらいのころです。奈良県の天川村の天河神社さんこと天河大辨財天社《てんかわだいべんざいてんしゃ》と、次に下市町の吉野の丹生川上神社《にうかわかみ》下社にお参りに出かけたところ、拝殿、境内の井戸、その井戸の上に手押しのポンプと、その前日の夢で見たのとすべて同じという正夢を経験したんです。私はそれまで3～4回も不思議なことで命を助けられることがありました。それまでは『神さま仏さまは、人間がつくりだしたもんやろう』と思ってたんですが、それ以来、人智の及ばない何物かがあると感じて、神仏に守られて生かされていることを自覚して、感謝の気持ちが深くなっていきました」

そのころから、地元の神さまを大切にしようと想いが芽生え、責任役員を担うこととなる。

「あるとき、氏子さんが掃除しながら『毎月、お掃除させてもろてるけど、ここはいったい誰が祀られているの？』と聞かれて。一部の氏子さんは、このお宮のことを何も知らないことに気づいて、『これはあかん』と。それからアマテラスさん、ヤマトヒメさんのことをいろいろと調べて、神話時代からの歴史があること、アマテラスさんがずっと祀られていたことを知り、このお宮の価値を考えなおすきっかけになりました」

もう一つ、とても深い崇敬心を持つ、先代の責任役員の森下正雄さんの志にも心うたれたという。

「お宮をとても大事にされていました。その先代の責任役員さんが、大阪市立大学の古代史の直木孝次郎先生［注1］と一緒に、2千年前にヤマトヒメがアマテラスをお祀りしたところを探しださされたんです。古い文献の名前を忘れましたが『上尾《かみりお》古墳の前の山』(宇陀市)と書いてあったと。ここから山一つ登ると上尾古墳で、神戸村のあったところとされています。また山一つ越えたところにある桜井市栗原の下尾《さがりお》古墳とは兄弟古墳と呼ばれていました」

　直木先生と先代の責任役員はじめ、浦岡さんたちが、その文献通りに上尾古墳の前の山を探すと、こんもり土盛りしている人工の丘があり、その下に平らな地が見つかった。

「直木先生も、『ここが、ヤマトヒメがいらした時代の祭祀跡に間違いない』と仰って。氏子みんなで発見したんです。ここは宇陀市大宇陀本郷小字照巣《てれす》と呼ばれているところで、地元の人も知らなかったんです。でも、その山には、なぜか人工の土盛りがあって。それまでヤマトヒメの伝承は知っていましたが、漠然とした考えでした。けれど、そこに実際に立ってみると『この丘は祭祀をされていたか、下の平地はお供えをつくる神饌所《しんせんしょ》やったろうかな』と想像も膨らんでいきます。もう、みんな大喜びでした」

　そして、先代の責任役員森下氏はじめ、浦岡さん、氏子さんは一同で、その場所を整備し、古代祭祀跡「照巣の石碑」を建てた。２０１４（平成26）年6月のことだった。

「私が中心になり工事をさせてもらい、石碑はその専門家に建ててもらって。石碑は、氏子のみんなで寄附をして建てました。なんといいますか、やっとヤマトヒメの伝承というか史実の、原点に辿りつけたという気持ちになり嬉しかったです。これはもう自慢していいと思うんです」

　ヤマトヒメの言葉「元元本本（はじめをはじめとし、もとをもととする）」――まさしくお宮の、祭祀の元に、触れたのだろう。

　宇陀市まちづくり推進課の森本陽子さんも、地元の氏子さんが古代祭祀跡を発見したことに驚きを隠せなかったという。

「当時の責任役員、直木先生が探しだされて、氏子の皆さんで顕彰碑《けんしょうひ》［注2］を建てるところまでしてくださって、もうすごいこと、としかいいようがありません。ここから裏づけ作業も必要かもしれませんが、それはその専門家が頑張ることですね」

観光協会から補助金を貰い、古代祭祀跡の看板も設置した。

先代の森下氏は2017（平成29）年に亡くなられ、浦岡さんは責任役員を継承し、お宮を守っている。

「義務ではなく、心から、このお宮を大切にしたい。そして若い人にも伝えていくことも私の務めと思いますし、どう守りどう伝えるかと、責任も感じています」

浦岡さんは、「氏子さんはじめ御参拝の皆さまの参考になれば」と思い、「阿紀神社略記」「倭姫命と阿紀神社」等の資料も作り上げた。

「この境内地は三代目です。古代祭祀跡、そして壬申の乱のとき、後の天武《てんむ》天皇と持統《じとう》天皇が吉野から命からがら脱出されて、この地で初めてのお食事をされて、味方が集まったことから、持

［**注1**］**直木孝次郎**　日本の古代史学者（1919〜2019）。大阪市立大学名誉教授。大阪市の難波宮《なにわのみや》跡をはじめとする遺跡の保存に尽力した。
［**注2**］**顕彰碑**　功績や善行などを讃え、広く世間に知らしめるために建てられた碑。

統天皇がこの地を大切にされたのです。そして照巣の山から大神さまをこちらに降ろされました。今は、氏子さんもみんな、ここがどんなお宮か、他の神社と比べて、こんな特徴がある、特別やとわかってくれてはります。

ヤマトヒメさんの伝承の〝いちばんめ〟のお宮ですし、胸を張って誇りを持ち守っていく価値のあるお宮さんやと思っています。お伊勢さんより先ですからね（笑）」

神職は常駐していないが、お正月、秋の新穀の収穫に感謝する新嘗祭《にいなめさい》、春には、境内にある能舞台で「あきの蛍能」がおこなわれている。「薪能《たきぎのう》」として約300年続き、大正時代に途絶えたが、70年の時を超えて、地域の町おこしとして平成7年から「ほたる能」として開催されているという。

「夕方から舞台がはじまり、日が暮れて物語の山場に、蛍300匹を放つんです」

氏子さん以外のお参りもありがたい、もっと有名になってほしい、と願う一方、浦岡さんは、静かに守っていくことの大切さも感じている。

「有名になり、多くの人がきて賑わうのがいいのか。氏子だけで静かに祀っていくお宮がいいのかと、よく思うんです。

ここには能舞台はありますが、鏡の間は朽ちて、能も途絶えてしまった時代に、『修理するよりつぶしてしまおう』と、なくなってしまいました。これも修復したいけれど、でも若い人の負担になっても難儀やと思いますしね。お宮の発展は、氏子の数や経済力で大きく変わってくると思います。この辺りでも過疎化により氏子が3戸、7戸というお宮さんも出てきていますし」

氏子数も減少し、これから次の世代へどう継承していくかは、大きな課題でもある。お宮の修復にしても、若い人の神仏離れを考えると、新たなものをつくっていいかどうかも思案するという。

倭姫宮《やまとひめのみや》ご創建100年に関しては、「もっと前にお祀りされていたと思っていました」と笑いながらも、ヤマトヒメの伝承地も全て巡ったと話す。

「その巡幸地を巡ってみて、ヤマトヒメさんが、大変なご苦労をされているのを感じましたね。一生、大神のご巡幸一筋に身を捧げられて、本当に尊敬しています。そして、この阿紀神社は、ヤマトヒメさんの、いちばん最初の元伊勢として宣伝させていただいています（笑）。豊かな森があり、杉、檜、川もあり、明治時代には、由緒がはっきりしていると認められて、式内郷社《しきないごうしゃ》から県社にと神社の格もあがったんですよ」

阿紀神社の参道入り口には「式内郷社」の石碑がある。明治4年に、神社の社格制度により、伊勢神宮・官幣社以外のほかの神社は、府県社、郷社、村社に区分され、格付けされない神社は無格社と呼ばれた。「およそ1000戸を目処に1つの郷社とする」とあり、郷社もかなりの大きな神社だった。それが県社に昇格するには、よほど由緒がしっかりしていないと認められない。それほど阿紀神社の歴史、由緒が明らかに認められた証でもある。

浦岡さんは、嬉しそうに「ご本殿を見てください」と、境内奥を指さす。

「この本殿は、伊勢神宮と同じ唯一神明造《ゆいいつしんめい》りで建てられています。屋根の端の千木《ちぎ》は内削《うちそ》ぎという形式で、小ぶりですが、伊勢の神宮の内宮《ないくう》と同じつくりです。不思議なことに、本殿屋根の上の鰹木《かつおぎ》も10本もあります。私も元伊勢の神社に色々お参りしましたが、鰹木は神社の社格を表すともいわれており、内宮さん以外で鰹木が10本もあるお宮は見かけたことがありません。これも私たちの自慢(笑)。本当に誇りです。私が先代から受け継いだように、このお宮の尊さを次の世代の人たちにも、伝えてゆくのが私たちの務めだと思っています」

（取材・文　川村）

取材協力／奈良県宇陀市まちづくり推進課　森本陽子さん

第3章

元伊勢に残る ヤマトヒメの伝承・文化

霊水栄水の井

北・南・西を巡ったトヨスキイリヒメ

川村　初代の御杖代《みつえしろ》トヨスキイリヒメとヤマトヒメが、皇女二代にわたりアマテラスを祀る宮処《みやどころ》を探す旅は、90年の歳月を費やしました。その巡幸《じゅんこう》地の多くが、今も「神社」であったり、また2千年も前の伝承や文化が残ったりしています。

　まず、トヨスキイリヒメの巡幸地は、5カ所あります。少し紹介しておきます。最初に、初めて宮中から出てアマテラスが天皇から離れて祀られた「笠縫邑《かさぬいのむら》の磯城《しき》の神籬《ひもろぎ》」。

　ここでトヨスキイリヒメは、アマテラスを「奉斎《ほうさい》した」（心を込めて慎んでお祀りした）とあります。この比定地は、奈良県の大神《おおみわ》神社の摂社の「檜原《ひばら》神社」です。

櫻井　天皇の居所とは、さほど遠くないところでアマテラスを祀った。けれど、そこはアマテラスの安住の地ではなかったわけです。だからといっていいのかわかりませんが、祠を建てるのではなく、臨時の祭祀の施設である「神籬」を立てて祀られたのでしょうか。恒常の施設ではなさそうです。

川村　次に、丹波国の「吉佐宮《よさのみや》」で4年。比定地は「元伊勢　籠《この》神社」です。ここでトヨスキイリヒメがアマテラスを祀ったとき、のちに伊勢神宮の外宮《げくう》に祀られるトヨウケノオオカミもご一緒に祀られていました。しかも奥宮の磐座《いわくら》には、アマテラスの父と母のイザナギ・イザナミも祀られています。

櫻井　他にもこちらには「元伊勢三社」と呼ばれる比定地がありますね。元伊勢内宮皇大《ないくうこうたい》神社、元伊勢外宮豊受大《げくうとようけだい》神社（共に京都府福知山市）と、比沼麻奈為《ひぬまない》神社（京都府京丹後市）です。

この三社をお参りしてきましたが、京都丹後鉄道に「大江山口内宮《おおえやまぐちないく》駅」と、駅名がありました。伊勢にも内宮駅はありませんから、地域の皆さんが、元伊勢の伝承をとても大切にされているのを感じます。

またこちらの元伊勢内宮外宮共に、江戸時代から参拝する人の講［注1］もできていたようで、伊勢信仰を元に、崇敬が続けられていたことがわかり、京都の人が、講を組んでお参りにきていたようです。

大和の笠縫邑（奈良県）から、遠い丹後国（京都府）へアマテラスは遷《うつ》られて、何かこれから先の長い旅を暗示するようでもありますね。

川村　はい。その後、一度、大和国へ戻り「伊豆加志本宮《いつかしのもとのみや》」（比定地は、與喜《よき》天満神社とされる）」へ。

その次にトヨスキイリヒメが向かったのは、紀伊国「奈久佐濱宮《なぐさのはまのみや》」でした。なぜ紀伊？

と思い、『古事記』を調べてみると、トヨスキイリヒメの母で、崇神《すじん》天皇の皇后は、父が紀伊の国造《くにのみやつこ》とあり、母方の故郷でした。
その次の元伊勢は、吉備国（岡山県）の「名方濱宮《なかたのはまのみや》」（比定地は伊勢神社）で、神さまの縁で見ると、崇神天皇は各地を平定していき、その上で、トヨスキイリヒメがアマテラスを祀りにいったのだろうなと思いました。

櫻井　大和の笠縫邑、そして北の丹後国、南の紀国、次に西の吉備国と、トヨスキイリヒメは東西南北の北・南・西を巡ったわけですね。
残るは東、それを、御杖代を受け継いだヤマトヒメが、天皇のいらっしゃる大和から見て東を巡られた。神さまとの縁もありますが、ご巡幸の範囲にはとてもコスモロジカルな感じがしますね。

川村　なるほど。そうですね。そういう受け継ぎ方だったのですね。そしてトヨスキイリヒメは50年近くの歳月を経て大和に戻られます。

［**注1**］**講**　神社、仏閣への参詣や寄進などを目的につくられた信者の団体。伊勢講もその一つ。

叔母から姪へバトンタッチ

川村　ご巡幸に出られてから52年目、トヨスキイリヒメは、大和に戻り、「御室嶺上宮《みむろのみねのかみのみや》」に2年間、アマテラスを祀ります。

もうお年も召していらしたでしょう。このとき、「吾、日足りぬ（私はもう十分にご奉仕した）」と、仰って、姪っ子であり、垂仁《すいにん》天皇の皇女のヤマトヒメに、この御杖代の役目を委ねられます。

櫻井　ここでの2年間は、御杖代の継承期間だったのでしょう。同時に、次の御杖代となるヤマトヒメにとっては、ご巡幸出発のための物忌《ものい》み［注2］期間でもあったでしょうね。

バトンタッチをすぐにするのではなく、共にアマテラスに仕える御杖代として過ごしながら、神祭りのことなどが伝えられたことでしょう。

川村　物忌みとは、神事に関わるために、一定期間、心身を清浄にして穢れを取り除き、身を慎むことですね。ヤマトヒメは、叔母のトヨスキイリヒメから、世代交代し、アマテラスの御杖代としての在り方、祭祀についても継承されます。まさに器から器へと継承をしていく。

櫻井　これは、伊勢神宮の「斎王《さいおう》」の最初の継承であり、象徴的ですね。

川村　斎王とは、「いつきのみこ」とも呼ばれて、天皇に代わり、伊勢神宮のアマテラスにお仕えするために、都から伊勢に赴いた未婚の皇女や内親王の制度です。トヨスキイリヒメとヤマトヒメが、その初代であったということですね。

櫻井　はい。そして初代の御杖代トヨスキイリヒメの「吾、日足りぬ」は、自分だけでアマテラスを祀り、ご鎮座地を探す、これは人間には限りがある。けれど、アマテラスをお祀りするのは永遠である。身体には限りがあり、その我が身はほろびても、次の世代、さらに次の世代へと受け継がれていく、そこに神祭りの永続性がある。命の連続性。

これは、「常若《とこわか》」として例えられる伊勢神宮の精神性に通じます。

川村　「常若」……いつまでも常に若々しく、みずみずしい。それを、世代交代をしながらも、神祭りを永久に……。そして、トヨスキイリヒメは神の御杖代として、人生を捧げられました。そして、引退を決めて、姪っ子に大役を譲られます。

［**注2**］物忌み　神事にかかわる者が、神霊を迎え神事を斎行するにあたり、一定期間、心身を清浄にし、禁忌を犯さないようにすること。伊勢神宮をはじめ、禁忌を守り神事に奉仕する童のことも、「物忌」といった。

ヤマトヒメ　ご巡幸へ出発

川村　ヤマトヒメは、叔母のトヨスキイリヒメと共に御室嶺上宮（三輪山）で過ごし、御杖代の役目を継承されて、いよいよ、ご巡幸の旅に出発されました。

お供するのは「五大夫《ごたいふ》」という重臣たちです。

最初のご巡幸地、大和国の「宇多秋宮《うたのあきのみや》」、比定地とされる阿紀《あき》神社（奈良県宇陀市）の近くには、古代のヤマトヒメの祭祀跡碑が、地元の方により建てられていました。

「この道を進むことが神の御心なら、童女よ、顕《あらわ》れよ」と、ヤマトヒメが祈り、出会った童女オオウネナ（大宇祢奈）もご巡幸に加わります。

奈良県、三重県、滋賀県の琵琶湖、岐阜県、愛知県とご巡幸されて、三重県（伊勢国）へ。

そこでは、ご巡幸の片腕となるオオワクゴ（大若子命）との出会いもありました。

やがて、伊勢国の大淀の浜辺で、「神風《かむかぜ》の伊勢国、うまし国、伊勢に居《お》らんと欲《おも》う」と、アマテラスのご神託を受けられます。そこから、さらにお祀りする宮処を苦労されて探し求めて……ヤマトヒメがアマテラスを祀りながら旅をした「元伊勢」は、『倭姫命世記』によると、伊勢神宮に到るまで25カ所もあります。

やがて、2千年ほど前に、五十鈴宮（現在の伊勢神宮の内宮）をアマテラスの永久の宮処としてお祀りされました。

ヤマトヒメが、大和を出発して約38年、初代のトヨスキイリヒメのご巡幸約52年と、皇女二人、二代で90年の歳月を重ねて、アマテラスの恒久の宮処を探しだされるという、大偉業を成されました。

それが、私たちが今もお参りできる伊勢神宮のはじまりです。

川が変われば文化も変わる

川村　ヤマトヒメの巡幸の旅で気がついたのが「川」です。

最初の巡幸地、奈良県宇陀市の阿紀神社の側を流れていた小川のような本郷川からはじまり、宇陀川、名張川、木津川、柘植川、野洲川とどんどん川が大きくなっていきます。

櫻井　交通手段のなかった古代、川は移動ルートであり、幸《さち》、すなわち、魚などの獲物の採れる場でもあり、田畑に水を引きと、日々の暮らしに、命にまたその地域の経済にも直結していたと思います。

川村　人々の暮らしぶりも違えば、山の幸、川の幸の「食」も違うし、また川の水質も、味も違ったでしょう。川が変われば、きっと水も違う。川に棲む魚たちも違うでしょうし、生命体系も違います。

ヤマトヒメ一行は、ご巡幸の度に、川を舟で進まれたかと思います。現代なら車で30分とか1時間の移動距離でも、歩きか、小舟しかない時代、何時間も、あるいは数日をかけての移動になったと思います。

元伊勢の一つ、近江国「甲可日雲宮《こうかひくものみや》」（現在の滋賀県）では、村人たちがヤマトヒメ一行のために、大きな丸太の船をつくってあげています。これまでの小舟から船が大きくなり、野洲川から琵琶湖へと向かった。さらにそこからは長良川、揖斐川《いびがわ》、そして伊勢湾の海へと旅が続いていきます。……この川、水が違うことは「文化も変わる」ことだったように感じるのです。

ご巡幸地を巡りながら、ヤマトヒメのご巡幸は「水の道」を進み、異文化と交流する、そんな旅でもあったのだろうと感じていました。

櫻井　まさに「境界」を超えていく旅です。では、その巡幸地で何があったのかもみていきましょう。

真実の名を伝えるとは

櫻井　ヤマトヒメは、初めて訪れたご巡幸先で、その国を統治する国造に、必ず「汝《なんじ》の国の名は何《いか》ぞ」と、国の名を問います。

これは、どういうことでしょうか？　今の私たちが、初めて会った人に名前を尋ねるということとは、まったく違います。

川村　たとえば、伊勢国に入ったヤマトヒメは、伊勢の国造のタケヒムカノミコト（建日方命）に国の名を問い、そしてこう続きますね。

「神風伊勢国《かむかぜのいせのくに》」と白《もう》して、舎人弟伊爾方命《とねりいろといにかたのみこと》、また地口《ちくち》の神田《かむた》並びに神戸《かむべ》を進《たてまつ》りき。

『倭姫命世記』より

櫻井　「神風」とは、霊妙な風の意味で、それが吹く「伊勢」の国と答えています。

古代の言葉に「神風」や「神議《かむはか》り＝神の会議」のように、神とつく表現がありますが、これは特別な突出した状態を表します。

国の名を尋ねられて、答えるということは、その国を統治する者が、自らの国の名を明らかにし、その地がどういうところかと、真実の名を伝えるということです。

そして、自分たちの状況を明らかにして、名前を伝えた相手に「従います」「差し出しますよ」という意味があるとされます。

『万葉集』の第一番目の歌でも、雄略《ゆうりゃく》天皇が、野草を摘む乙女に名や家を尋ねますが、それに答えるのは、「あなたのプロポーズを受け入れますよ」という意味があるのと同じですね。

籠《こ》もよ　み籠持ち　掘串《ふくし》もよ　み堀串持ち　この岡に　菜摘ます子　家告《の》らせ　名告らさね　そらみつ　大和の国は　おしなべて　我こそ居れ　しきなべて　我こそ居れ　我にこそは　告らめ　家をも名をも

（籠も、良い籠を持ち、堀串も良いものをもち、この岡で菜を摘んでいる娘さん。家がどこかいいなさい、名前をいいなさいな。この広い大和の国は、ことごとく私が従えているのだが、すみずみまで私が納めているのだが、この私にこそは教えてくれるでしょうね、あなたの家も名も）

『万葉集』より

川村　この、ヤマトヒメの巡幸の場合では、真実の名を明かすのは、相手を敵とみなさず、親和的に従い交流するということなのですね。和平交渉のようです。

櫻井　はい。戦などすることなく、「差出し従います」ということですね。暴力や力で牛耳ろうというわけではありません。

『倭姫命世記』では、その国の名を明らかにした後、「地口の御田」や「神戸・神田を進り」と続きます。

これは、この自分の土地の大切な田を、大神（アマテラス）の専属とします、という意味です。

川村　なるほど。ヤマトヒメ一行は、旅先で、その土地を統べる者から大切に扱われ、そしてそこでアマテラスをお祀りして祭祀をおこなうと共に、神聖なる田で神にお供えするための稲を育てていった。

櫻井　稲の栽培方法というか、農のあり方も、その土地の人々に伝授していったでしょうかね。

川村　巡幸した先の土地でアマテラスを祀り、その土地の首長が、大和の朝廷へと従うことを交渉した。そして、よき田を得て、稲を育てる。その一方、土地の特産品や手作りの船を献上されたりと、地域との強いつながりを築き交流を深めていったのですね。

ご巡幸が、2年、4年というのも、なぜだろうと思っていましたが、稲を育てるのに最低1年ですから、そのサイクルだったように思います。

櫻井 それでもすべての旅先で受けいれられたのか、というとそうでもないようです。物語の中には、「荒《すさ》ぶる神」が登場したり、ヤマトヒメが名前を尋ねても「答えなかった」という話もありますからね（笑）。

川村 この「答えない」というのが綴られているのも、おもしろいです。

神を祀る心の基本「元元本本」

川村 ヤマトヒメが、旅のはじめのころに、「私の行く道はこれでいいのか？ この道でよければ童女と出会え」と、誓約《うけひ》（神の神意を問うための吉凶を占うこと）をして、ご神意を尋ねます。その結果、オオウネナ（大宇祢奈）という童女と出会います。

この童女は、旅に同行しアマテラスにお仕えします。やがて伊勢の神宮で、神に仕える童の大物忌《おおものいみ》の元祖となりますが、たしか、この出会いのときに、ヤマトヒメは童女に、神に仕える心を諭しますよね？

櫻井　はい。それを「元元本本」（はじめをはじめとし、もとをもととする）といい、『倭姫命世記』では、神さまにお仕えすること、また私たち人間や社会の在り方、規範としてとても大切だとされることを語っています。

黒《きたな》き心無くして
丹《きよ》き心を以《も》ちて
清《きよ》く潔《いさぎ》よく斎《ゆ》まはり慎み
左の物を右に移さず、
右の物を左に移さずして、
左を左にし、
右を右とし
左に帰り右に廻《めぐ》ることも、
万《よろ》づの事違《ことたが》ふことなくして、

太神に仕え奉《まつ》る。
元《はじめ》を元とし、
本《もと》を本とする故なり。

『倭姫命世記』宇多秋宮から
佐佐波多宮へ続くご遷幸より

櫻井　人間は、黒き心（きたない心）、よこしまな心を持たずに、明るく素直な心をもって、日々の奉仕を心がけなさい。
そして、左の物は左に、右の物は右にとは、何事も元にあることは元のこととして、本来ある姿は、その本来ある姿としてご奉仕をしなさいと、ヤマトヒメが仰ったということころをまとめた言葉です。
川村　この旅の根本にあるのが、「アマテラスをお祀りする」祭祀だというのを感じますね。同時に、私たちが生きていく上でも、大切にしたい心ですね。
櫻井　今は、〝はじめ〟というと「始」と書きますが、『倭姫命世記』では「元」と書かれています。
いずれも根源につながり、根源を感じることが大切なのですよ、と。それは神にお仕えする態度、神宮の中で神職さんが神祭りをする、その在り方を説いているのですが、一般の人にも大事なことですよね。
やがて伊勢の神宮では、ご神徳を広く伝えていく中で、中世の神道思想として重視される言葉です。

川村　中世とは、鎌倉時代・室町時代（12〜14世紀）のことでいいですか？　武士の時代のはじまりのころですね。その時代に、ヤマトヒメのこの訓《おし》えの言葉が重視されたのですね。
また、神宮の大物忌の元祖となった童女オオウネナは、その後のご巡幸にもお供をしていきます。やがて、故郷の「篠畑《ささはた》神社」（奈良県宇陀市）の境内社［注3］に、ご祭神、ササハタヒメ（篠畑姫神）としてお祀りされています。

［**注3**］**境内社**　本宮本社の管理下にあり、祭神に関連する神や地主神など本社と深い縁故のある神を祀る社である場合が多く、本社の境内にあるものを境内摂社、または境内社、境内の外にあるものを境内外摂社という。（『神道事典』より）

優秀な適材適所のチーム力

川村　この童女のオオウネナもそうですが、ヤマトヒメの長き旅には、五大夫という重臣と、オオワグゴ（大若子命）など、優秀なものたちがチームとして編成されてご巡幸を支えていました。ここで少しメンバー紹介をしておきます（笑）。

『倭姫命世記』にはないのですが、『日本書紀』に少し記載があります。

選ばれたのは5人で「五大夫」と呼ばれ、みな、連《むらじ》や臣《おみ》といった、当時の有力な氏族のもので、強者《つわもの》でキレもの、今でいうキャリア、エリートという感じでしょうか。

アマテラスのご神慮のままに、ヤマトヒメのご巡幸の旅が、安全で無事であるように。またいく先々で、アマテラスのご神威をより伝えるためでもあったのです。

トオチネノミコト（十千根命）
皇室の祖神《おやがみ》、アマテラスの皇統を受け継ぐお印（御鏡、御神刀）を守り、各地でアマテラスを祀る宮を守護し、ヤマトヒメのご巡幸の旅の指揮をになった。
初代の神武《じんむ》天皇が即位する前、熊野の山中でのピンチを救ったニギハヤヒノミコト（饒速日命）の子孫で、物部連《もののべのむらじ》の遠い祖先といわれる。

オオカシマノミコト（大鹿嶋命）

ヤマトヒメのそばで、アマテラスの祭祀を司り、吉凶を占うなどご巡幸の旅の安全を守る役目を果たした。

神代《かみよ》の時代から、祭祀を司るアメノコヤネノミコト（天児屋命）の子孫にあたり、中臣連《なかとみのむらじ》の祖先といわれる。

アメノコヤネは、神話のアマテラスの岩戸隠れで、アマテラスに岩屋戸から出てもらうために、八百万《やおよろず》の神々が相談し、皆で祭りをしたときに、祝詞《のりと》を奏上した神。

タケヌナカハワケノミコト（武渟川別命）

ご巡幸の旅の先達として、次の巡幸地のトップの国造に事前に会いにいき、さまざまな交渉をしたという。第8代孝元《こうげん》天皇の皇子のオホビコノミコト（大毘古命）の子孫で、阿倍《あへ》臣《おみ》の祖先。オホビコは第10代の崇神天皇の御代に大活躍をした。

ヒコクニフクノミコト（彦国葺命）

ヤマトヒメをはじめ一行が、ご巡幸先で暮らす場所や食料を確保する役目を担った。第5代孝昭《こうしょう》天皇の子孫で、和珥臣《わにのおみ》の祖先といわれる。

タケヒノミコト（武日命）

アマテラスの孫、ニニギノミコトが天界から地上に降りてきた「天孫降臨《てんそんこうりん》」のときに、先導したアメノオシヒノミコト（天忍日命）の子孫で、大伴連《おおとものむらじ》の祖先。

つねにヤマトヒメの近くに控えて、警護や雑務にあたる舎人らと共に、一行の護衛や、みなの健康面での薬の調達を担った。また、ヤマトヒメの甥っ子にあたるヤマトタケルノミコト（倭建命）の東征にも従者としていったとか。

と、ここまでが五大夫で、チーム・ヤマトヒメのメンバーには次の二人も加わります。

宇太《うだ》のオオウネナ（大宇祢奈）

ヤマトヒメが最初にアマテラスをお祀りした宇多秋宮にいるとき、「私が行くところが、大神のご神意にかなうことであれば童女に会わせたまえ」と、祈り、吉凶を問う誓約をして出会った童女で、ご巡幸に同行し、アマテラスに仕えた。

伊勢神宮の神事では、祭祀の重要な役割を担っていた童女の一人を「大物忌」といい、その元祖となった。

オオワクゴノミコト（大若子命）**・オオハタヌシノミコト**（大幡主命）

ヤマトヒメ一行が、旅する中で、伊勢国で出会ったのが、伊勢国の国造のオオワクゴ。弟のオツワクゴ（乙若子命）と共に、ご巡幸に加わり、ときに道案内をし、片腕のようにヤマトヒメを支えていく。別名、オオハタヌシ（大幡主命）とも呼ばれる。

のちに三重県から九州に勧請《かんじょう》されて、櫛田《くしだ》神社のご祭神として、博多の守護神となる。「博多おくんち」「博多祇園山笠」も有名。

米・鮎・各地の特産品を大神に

川村　ヤマトヒメは、巡幸地の先々でアマテラスをお祀りしていきます。

櫻井　トヨスキイリヒメから受け継いだ御杖代として、この祭祀をどうしていくか、どうすれば大神に喜んでもらえるか、これでいいんだろうかと、常に問いかけがあったでしょうね。

川村　『倭姫命世記』には、ヤマトヒメが、国の名を問うたことに続いて、その国から、献上された神田のほかにも、その土地ならではの特産品が献上されたと記されていますね。たとえば、伊賀国「穴穂宮《あなほのみや》」とされる神戸《かんべ》神社（三重県伊賀市）では、ヤマトヒメは、現在の木津川の川上の岩鼻というところで、鮎を取り、アマテラスの朝夕のご神饌《しんせん》に奉られていた（お供えをしていた）と伝わっています。

櫻井　鮎が有名な地域ですね。伊勢の内宮にアマテラスがお祀りされたあとも、神宮で毎年6月におこなわれる、皇室の繁栄、五穀豊穣、国家の隆昌《りゅうしょう》、国民の平安を祈願する「月《つき》次祭《なみさい》」では、古代の漁法「梁漁《やな》」で鮎を取り、「干鮎」1800尾を、ご神饌としてお供えもされています。この辺りの地名は「神戸」で神田があり、神宮のお米を作る役割を担う人々がいたところです。

川村　氏子さんは、その年の新穀をアマテラスにお供えをしてご神徳に感謝する10月の神《かん》嘗祭《なめさい》にも、籾米を献納しています。また敬神婦人会の皆さんは、神宮神田《じんぐうしんでん》でおこなわれる御田植や、秋の抜穂祭《ぬいぼさい》でも奉仕され、それが今も続いているそうです。

このあたりは元々、琵琶湖の湖底だったのが、土地が隆起してできた盆地であることと、木津川の清らかな水もと、伊賀地方のお米はおいしいと評判です。

興味深いのが、この「穴穂宮」（神戸神社）のように、ヤマトヒメのご巡幸のときから関係していた、古代の産業、技術が今にも連綿と続いていることです。

櫻井　尾張国「中嶋宮《なかじまのみや》」のくだりにはこうあります。

采女忍比売《うねめをしひめ》、又地口御田《ちくちみた》を進《たてまつ》る。故《か》れ忍比売の子に継《つた》はれり天平瓮八十枚作《あめのひらかやそて》り進る。

『倭姫命世記』より

この采女というのは、その地方における首長の娘のことです。天平瓮とは、ご神事のお供えものに使う平たい土器のお皿のことです。御田は、神にお供えするお米をつくる田。

神宮には、今も、土器調製所があり、お祀りに使われる素焼きの土器《かわらけ》を、古代の製造方法で一枚一枚手作業でつくります。

一度、神に奉った土器は、再び使用せずに、細かく砕いて土にお返しする。『倭姫命世記』にある土器づくり、地域の産業とは違いますが、神宮の祭祀に使うお皿の由縁になり、その精神は今に続いているかもしれません。

船、田舟、御船代石

櫻井　先ほど、川村さんは、ご巡幸に従い、川が大きくなっていることに注目していましたね。

川村　はい。大和国の宇陀川から、名張川、木津川へ。そして琵琶湖へと巡られます。私も「坂田宮《さかたのみや》」と比定される「坂田神明宮《さかたしんめいぐう》」（滋賀県米原市）にお参りしたとき、琵琶湖へも足を伸ばしました。

どこまでも続く湖面を見ながら、小さな川から琵琶湖まできて、ヤマトヒメが、初めてこの大きな湖を目にしたときの驚きを想像しながら、ここが最終地点でいいのではと、想ったりしなかったのだろうかとも感じました。

櫻井　ヤマトヒメは次に美濃国へ行くでしょう。交通アクセスもどんどん大変になります。どうしてでしょうね。

川村　琵琶湖から、山や谷、関ケ原を超えて大変な道のりに思います。河川もこれまでより、さらに大きな揖斐川、木曽川、長良川へと進んでいきます。
次に遷った「伊久良河宮《いくらかわのみや》」の比定地は、岐阜県瑞穂市の「天神神社」です。境内の奥に古代祭祀跡があり、アマテラスとヤマトヒメがお祀りされていました。そこに、ヤマトヒメが腰かけたといわれのある「腰掛石」と、神の依代《よりしろ》[注4]といわれる「御船代石《みふなしろいし》」がありました。

櫻井　ここは揖斐川の流域ですね。東には長良川と木曽川。「木曽三川《きそさんせん》」と呼ばれるこの地域の下流では河川の氾濫も多く、木曽川と長良川にはさまれていた地域は「輪中《わじゅう》」と呼ばれ、その地域を堤防が囲んでいます。家に船を持つ人も多く、船は生活の必需品でした。
また泥の田では、刈り取った稲を載せる「田舟《たぶね》」も使われていたでしょう。ですから「船」という言葉にも、この地域から、神の依代、人々が乗る船、田で使うものと、幾つもの意味がある、ということがわかります。

［注4］**依代**　祭りにあたり神霊が降臨するとき、あるいは神霊が憑依するときなどに、神霊の宿りの場とされるもの。民俗学者で歌人の折口信夫（釈超空）の造語とされる。

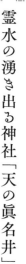

霊水の湧き出る神社「天の眞名井」

川村　ヤマトヒメのご巡幸は、河川に沿ってということもあり、洪水などの河川の氾濫で、「伊久良河宮」のように移動を余儀なくされたこともありますが、元伊勢といわれる神社には、豊かな水脈から、今も湧水のご神水が出るところも多くあります。

櫻井　それだけ、そのお社は、その地域の人にとっての、人々の営みの場として大切にされてきたのでしょうね。

川村　はい。それを紹介したいと思います。まず、（前出でも書いた）初代のトヨスキイリヒメが巡った「吉佐宮《よさのみや》」といわれる「元伊勢　籠神社」（京都府宮津市）の奥宮の「天の眞名井《まない》のご神水」。

眞名井とは、天上界の高天原《たかまがはら》にある、神聖な清水の湧き出る井戸のことで、神話に由来します。少し説明します。

アマテラスのいる高天原に、弟のスサノオノミコト（須佐之男命）がやってきます。スサノオは自分に謀叛の心はないことを証明するために、神に誓いを立てて、それぞれに神の子を産んで神意を問う「誓約《うけい》」をしようと持ちかけます。このときに、アマテラスは、弟の剣を三つに折ると、天の眞名井の水ですすぎ、そして口の中にいれて噛みに噛んで、吐き出したときに、三柱の女神が生れます（スサノオの子神）。弟のスサノオも姉のアマテラスの勾玉を、天の眞名井の水ですすぎ、口に入れて噛みに噛んで生まれたのが、五柱の男神（アマテラスの子神）です。

こうした神話から、「眞名井」は、この地上でも、神聖な清い水の出るところの最高の敬称で、古代から清らかな水が湧き出るところに、そう名づけられています。

ヤマトヒメのご巡幸地の「穴穂宮」とされる「神戸神社」（三重県伊賀市）にも「天乃真奈井戸」がありました。延命長寿、心身健康、病気平癒、安産などを祈り、ご神水を参拝者に授与されているそうです。ここは木津川近くで、梁漁で鮎を取ることが有名です。琵琶湖に近い、「坂田宮」こと「坂田神明宮」にも「眞名井の清水」がありました。

また、ヤマトヒメ一行が、川の氾濫により遷ってきた「中嶋宮」こと「酒見《さかみ》神社」（愛知県一宮市）には「栄水《さかみ》の井」があります。

櫻井　住所も、伊勢町神戸と、伊勢の文字に、神宮の領地という神戸がついています。ご祭神もアマテラスにヤマトヒメが祀られていますね。

川村　神社の由緒書きにも「倭姫命十五番目御聖跡」とあります。

祭神名もサカミツノオ（酒彌豆男神）と、サケミツメノカミ（酒彌豆女神）とあるように、ここは、第55代文徳《もんとく》天皇の御代に、清酒の醸造を初めておこなったところと由緒書きに書かれていました。

この境内の「栄水の井」の霊水で、神酒を醸して伊勢神宮の内宮のアマテラスに献上していたと伝わります。霊水には、厄払い、無病息災・延命長寿、商売繁盛のご利益があるといわれます。境内には、アマテラスにお供えする清酒をつくるときに使われていた酒槽《さかふね》石《いし》もあります。そうそう、ヤマトヒメがこの地に到着した船が、明治の初めにお宮の近くの畑から掘り起こされて、楠の大木をくり貫いた船だったという話も残っています。

櫻井　『倭姫命世記』では、このときに「天平瓮八十枚」を作ったとあります。この天平瓮とは、お供えものを盛り付けるお皿のことで、ここには神宮の土器の調製に関わるはじまりの由来と神宮祭祀の関わりも見えてきますね。

川村　はい。ほかにも、櫻井先生とご一緒した、南伊勢の山中で、ヤマトヒメが喉を潤した「川上の清水」（三重県度会郡度会町）や、喉の乾いたヤマトヒメに、老翁が冷たい井戸水を差し出した「水饗社《みあえのやしろ》」といわれる神社もあり、その比定地の一つの「御食《みけ》神社」（伊勢市神社港）には「辰の井」があります。ここでは、毎年新年の辰の日に「お水取り」があり、この霊水は、火難水難除けになるといわれます。

トヨスキイリヒメとヤマトヒメのころから、湧き出ている清水は、その地域の営みと共に連綿と続く人々の暮らしに欠かせないものだったと思います。今も清らかな霊水が湧き出ることの、自然の恵みにありがたさを感じます。

荒ぶる神との対峙

川村　先ほど、櫻井先生が、ご巡幸の間には、これから訪れようとする土地が、社会や文化が異なり、すぐには受け入れられないこともあったと仰いましたね。
　それが、ヤマトヒメの物語の最大の山場となる、阿佐加《あさか》（三重県松阪市）での荒《すさ》ぶる神、イツハヤフル（伊豆速布留神）と対峙するくだりです。

櫻井　旅で行き来する人を留める神は、その地方地方の文化や風土を記した風土記《ふどき》と呼ばれる書物の説話にも見られるんです。

　ヤマトヒメが出合った荒ぶる神は、「その峰を100人行くと50人、40人行くと20人の命を奪った」とあります。土地と土地の勢力が、あるいは異なる社会が、せめぎ合い争っているわけですね。ご巡幸の一大ピンチだったのではないでしょうか。

　では、このとき、ヤマトヒメは、どうしたか？　それがとてもおもしろい。

川村　ヤマトヒメは、まず父である垂仁天皇に、オオワクゴを遣わせて相談をするのですよね。

櫻井　はい。普通ならば「武器を持ち成敗せよ」といってもおかしくありません。ところが垂仁天皇は、「種々《くさぐさ》の大御手津物《おほたなつもの》をかの神に進り、和《やは》し、鎮め、平らげまつれ」と、詔《みことのり》をだされます。

川村　戦ってやっつけるのではなく、荒ぶる神に「数多くの贈り物を奉り、そして、神祭りをして、和め鎮めなさい」といわれます。

櫻井　ヤマトヒメは、阿佐加の峰に、荒ぶる神イツハヤフルのために社を建てて、そして、大切な贈り物を奉った上で、神祭りをされます。

川村　和らげて鎮める。

櫻井　「その神を和し、鎮め労《ね》ぎ祀りき」と続きます。
「労をねぎらう」ともいいますが、労《ねぎら》うとは、荒ぶる神が穏やかになるようにねぎ祀らう。その神を、山の峰で祀り、鎮めることで、その土地を受けとるという状況にもなっていくわけです。
『倭姫命世記』の別伝では、オオワクゴ等が、垂仁天皇のもとに遣いにだされます。伊勢神宮の初代の大神主との伝説があるオオワクゴはこの伊勢の国造（首長）です。

彼の先祖は、初代の伊勢の国造のアメノヒワケノカミ（天日別命）です。

これは「オオワクゴの先祖が、かつて、荒ぶる神をおさえたところだから、子孫のおまえが、荒ぶる神を祭り和らげなさい」と綴られています。

祭る神と、祭られる神。これはとても重要です。

崇神天皇の御代に疫病が流行ったとき、天皇の夢に、奈良の大神《おおみわ》神社のご祭神のオオモノヌシ（大物主神）［注5］が現れて、「私の子孫である大田田根子《おおたたねこ》に祀らせれば息《おさ》まる」と、ご神託がありました。そして大田田根子が祀ることで疫病はおさまったとされます。

同じく皇室の祖神《おやがみ》のアマテラスを祀るのも、代々の子孫が祭祀をおこなうことが大事だという意味合いがある気がします。

ちなみに、神社の神職の禰宜《ねぎ》は、この〝労《ねぎら》う〟から来ているともいわれます。

また、この地域の藤方《ふじかた》の「かた」は、「潟《かた》」（ラグーン）で、川や海辺の後背湿地で、自然の堤防より低く水はけの悪い湿地帯のことです。人々の居住には適さずに、神に差し上げる聖域という性格を持ちます。どうしても異なる社会の間で、共存できない地域もあった

［注5］**オオモノヌシ（大物主神）** オオクニヌシが国造りの際に、大和の三輪山に祀った神。世に災厄が続いた崇神天皇の時代、子孫の大田田根子に祭祀をさせることで災厄が収まると神託があった。

でしょう。

この「潟」の聖域には、それぞれの「境」があり、そこはどちら側も侵食をせずに、争いをしなかったというところです。

互いの力がせめぎ合っているとき、「潟」を聖域エリアと認識し、互いに「無境界」としてゆったりと間を取り、神の領域としておく。「間を取る」といいますが、こうした「無境界」も、とても大事なことですね。

川村　戦わずに、神の聖地として「間を取る」。なかなかない視点ですが、古代の叡智、ですね。どこにも属していない「無境界」の重要性。

ヤマトヒメの物語は、今の時代の私たちに必要な知恵や学ぶべきことも教えてくれている気がします。

元伊勢・伝承地巡り3

ヤマトヒメ編

〈苦難の旅〉

二度目の〝ヤマトヒメに出会う〟旅に出たのは、まだ梅雨明けきらぬ7月。琵琶湖からヤマトヒメ一行が向かった「伊久良河宮《いくらかわのみや》」〔図⓮〕、その比定地の「天神神社」（岐阜県瑞穂市）へ。

今も町名に「居倉《いくら》」の名が残り、参道入り口に「史蹟伊久良河宮跡」の石碑も建ちます。参道を進むと趣のある拝殿と、美しい彫刻の施された本殿の奥に、竹林に囲まれるようにかつては禁足地だった古代祭祀跡が。

天神神社の古代祭祀跡

そこにアマテラスとヤマトヒメも祀られており、その小社の前には、アマテラスの依代「御《み》船代石《ふなしろいし》」と、ヤマトヒメの腰掛石もあります。竹林に風がそよぎ、静穏な聖地で、心が静まっていきます。この禁足地からは、約170年前に、古墳時代の神事に用いられた祭器の神獣《しんじゅう》鏡《きょう》や、古代の装身具といわれる勾玉《まがたま》の一部も発見されたそうで、尊い祭祀跡にお参りできる嬉しさに、ヤマトヒメがアマテラスを祀る姿を思い浮かべていました。

巡幸《じゅんこう》地と知らなければ、お参りする機会もなかったと思うと、ここまで導いてくれたヤマトヒメに感謝です。こちらも、ずっとここにいたい、となかなか離れることができませんでした。

ただ、ここは揖斐川《いびがわ》が近くにあり、その氾濫によりここから、次の「中嶋宮《なかじまのみや》」〔図⓯〕へヤマトヒメ一行は遷《うつ》っていきます。その比定地の

「酒見《さかみ》神社」（愛知県一宮市今伊勢町）へ。

地名からも神宮との深い縁がわかります。由緒書きにも「倭姫命十五番目御聖跡」とあり、ヤマトヒメも祀られています。霊水が湧き出る「栄水《さかみ》の井」で神酒を醸しアマテラスに献上したそうです。ヤマトヒメは、ここで国を褒めたたえる儀礼をおこない、丘の頂上から周りを見渡し、伊勢の方角に見当をつけたとされる山や、その伝承の残る古墳（今伊勢車塚古墳）もあり足跡を感じます。

次にヤマトヒメは「桑名野代宮《くわなののしろのみや》」［図⑯］へ。名鉄線から養老線に乗り換えて向かったのは、三重県桑名市の「野志里《のじり》神社」。船で巡幸したはずなのに海まで遠いな～と思いましたが、なんと古代は海の入江だったそう。

ご神木の楠の前に「伊勢神宮御旧跡野代の宮」の石碑が。この石碑から道路をはさんで境内です。神明《しんめい》造りの本殿は、豊かな緑に囲まれてご鎮座しています。社名額の「野志里神社」の文字が、珍しく丸みのある文字で愛らしく、ひっそりと佇みつつ歴史を感じさせるお宮です。

説明書きにも、2030年前にヤマトヒメがアマテラスを4年祀った旧跡で、その間、人々はヤマトヒメから農業、織物、治水を学んだことや、「元伊勢」と呼ばれると記してありました。ヤマトヒメがアマテラスを祀った「元伊勢」のお宮は、どこも〝誇り〟を持って地域の方が今も守っていらっしゃるのを感じて、その人々が長い歳月をつないできた心に感動します。

もう一つ、ヤマトヒメが旅の〝右腕〟となるオオワクゴ（大若子命）と出会ったのもこの地なのです。

次に「奈具波志忍山宮《なぐはしのおしやまのみや》」［図⑰］へ。比定地は三重県亀山市の「布氣皇舘太神社《ふけこうたつだい》」と「忍山《おしやま》神社」です。この辺りには、ヤマトヒメの甥っ子、ヤマトタケル（倭建命）が眠る「能褒野《のぼの》王塚《おうつか》古墳」があり、彼の伝承が数多く残ります。ヤマトタケルが寵愛したオトタチバナヒメ（弟橘媛）は、忍山宿禰《おしやまのすくね》の娘で、「忍山神社」はヒメの生家だったと知り、びっくり。ヤマトヒメが草薙剣《くさなぎのつるぎ》を渡し、無事を祈った甥っ子の妃の生家が元伊勢だった。そのつながりに、「まさにご神縁！」と笑みがこぼれました。

「藤方片樋宮《ふじかたのかたひのみや》」［図⑱］（比定地は加良比乃《からひの》神社、三重県津市）にいるとき、ヤマトヒメの旅に最大のピンチが訪れます。荒《すさ》ぶる神、イツハヤフル（伊豆速布留）が往く手に立ちはだかりました。ヤマトヒメは争いや戦うことなく、荒ぶる神に数々のお供えをし、和み鎮まるように祭祀をおこないました。

　松阪市にはこの舞台となった、大小二つの「阿射加《あざか》神社」が御鎮座しサルタヒコ（猿田彦）とイツハヤフルを祀ります。小阿坂（阿射加神社）には、オオワクゴも祀られていました。

　荒ぶる神を鎮めたヤマトヒメは「飯野高宮《いいのたかみや》」［図⑲］へ。この比定地「飯野高宮神山《こうやま》神社」は、櫛田川沿いの山麓にあり、途中境内に線路が走ります。「二千年祭　飯野高宮神山神社」の石碑もあり、30段ほどの石段を上りお参りします。豊かな樹木に囲まれたご神域に静けさが満ちていきます。

阿射坂神社（小阿坂）

神戸神舘神明社

もう一つの比定地「神戸神舘《かんべこうたち》神明社《しんめいしゃ》」も、田園風景が望める清清しい神社。

櫛を紛失したヤマトヒメの伝承が由来の櫛田神社と、今も流れる櫛田川。

伊勢湾を進んだヤマトヒメが、船を停めたところに「佐々牟江宮《ささむえのみや》」〔図⑳〕が建てられました。波や風がなく、船が穏やかに淀みなく進んだことに喜ばれた大淀の浜辺。

このときアマテラスのお告げがありました。「神風の吹くこの伊勢の国は、常世《とこよ》の国（永遠の命のあるところ）の浪が繰り返し寄せてくる国。大和の傍らで、海の幸山の幸にも恵まれているうまし国なり、この国にいたいと思う」

キャンプ場で賑わう大淀海岸で、潮風に吹かれながら、お告げをうけとったヤマトヒメに想いを馳せます。大和を出発し、ここまでで34年の歳月が流れています。

物語に起承転結があるように、この期間、ヤマトヒメの長い旅の間で、河川の氾濫、相棒のオオワクゴとの出会い、荒ぶる神との対峙と、乗り越えるべき課題が立ち現れて、山あり谷ありの大変な時期だったのかもしれません。それを支えたのが、同行した五大夫《ごたいふ》、童女のオオウネナ（大宇祢奈）、新たに出会ったオオワクゴたちの存在だったのだろうなと感じました。

伊勢に決まった！　とはいえ、まだまだヤマトヒメの巡幸は続くのです。　（文・写真　川村）

第4章

伝承地に生きるヤマトヒメの軌跡

櫛をなくした櫛田川と祓をした祓川

川村　長い旅を続けてこられて、いよいよヤマトヒメは、伊勢国に入ります。片腕となるオオワクゴ（大若子命）との出会いもありますが、荒《すさ》ぶる神との対峙をはじめ、伊勢には、ヤマトヒメがご苦労をされた物語の「伝承地」が多く残っています。アマテラスをお祀りした「元伊勢」とともに、伊勢に今も生きるヤマトヒメの伝承をご紹介したいと思います。

櫻井　私は、櫛田川と祓《はらえ》川の由来となった、ヤマトヒメが「櫛を落とした」というところに、一つの区切りがあるように思いますね。

櫛は髪に密着していますよね。それを落とす「分離」というのは、俗的世界から分かれ、いよいよ「聖域に入りましたよ」ということかなと。

この櫛田川の支流の祓川は、もとはこちらが本流でしたが、ヤマトヒメから後の世で、歴代の皇女が伊勢に赴きアマテラスを祀った斎王が、この川で禊をしたことから「祓川」と名づけられました。

川村　ヤマトヒメの物語では、麻や人形など、お祓いの道具も初めてここで登場します。この祓川で、ヤマトヒメ、そして重臣たちはじめ、もののふたち、チーム・ヤマトヒメの全員が、川で祓をしたとありますね。それが後世になり、斎王や従者たちが川で祓をすることにつながっていく……。

ヤマトヒメのご巡幸《じゅんこう》地は川や河、湖の近くにありました。それは船の移動もありますが、川の水で身を清める禊祓のためでもありました。

櫻井　そして、ヤマトヒメが、神宮における「祓の法」を定められたということでしょう。もう一つ、「もののふを留めて」とありますよね。弓剣など武具、武人を留めて、次の「飯《いい》野高宮《のたかみや》」へ入っていったと。

川村　武具、武人を留めたということは……そこは、戦がない……。

櫻井　ご鎮座後にも、ヤマトヒメの言葉で「伊勢国は戦がない」（弓矢や鞆の［武具の］音が聞こえない国）と、出てきますが、そこにつながっていると思います。

五大夫の船が遅れ、鹿の肉が流れてきて……

川村　ヤマトヒメは、大淀の浜でのアマテラスの「伊勢に居たいと欲《おも》ふ」のご神託を受けて、「伊《い》蘇宮《そのみや》」にアマテラスをお祀りします。この比定地は、三重県伊勢市の「磯神社」です。

アマテラスを伊勢に祀った。これで終わりではなく、そのあとも、「さらに佳きところがあるはず」と、ヤマトヒメは、小舟に乗り込み、よき宮地を探し求めて、宮川の上流へ向かいます。磯神社近くの川沿いに、鳥居が立っていて、ヤマトヒメたちが船を乗り降りしたところとされています。

ところが、ここで問題が勃発するのです。おつきの五大夫《ごたいふ》たちの乗った船は、川の流れに逆らっていることから、まったく進まない。ヤマトヒメの小舟と距離が開いていきます。みな大慌てで、「宇久留《うくる》（遅れる～）」といったために、その場所は「宇久留」と名づけられたそうです。

櫻井　ヤマトヒメは、伊勢国で試練が続きますね。急に降り出した雨に降られて、菅笠《すげかさ》を被られたり、宮川の上流では、川を渡ろうとすると、上流から鹿の肉の塊が流れてきた。これは、祭祀をおこなうときの清浄を尊ぶヤマトヒメにとっては、血のついた肉は、避けたい、危険な事態を意味するでしょう。
ヤマトヒメは、その場所で川を渡るのは「これ悪し」と判断されます。その鹿と出会ったことから、そこは「相鹿瀬《あふかせ》」と名づけられました。「宇久留」も「相鹿瀬」も、地名の起源説話のスタイルになっていますね。笑いを誘う言葉あそびがありますね。

川村　この鹿の肉を見たというのは、清浄をもっとも大切にする神祀りには、けっして見逃せません。

また川を渡れずに困っているときに、助けにきて道案内をしたのがマナコノカミ（真奈胡神）ですね。このマナコノカミを祀ったのが、度会郡大紀町《たいきちょう》の「多岐原《たきはら》神社」（伊勢神宮の内《ない》宮《くう》の摂社）です。

ヤマトヒメとマナコノカミが出会った場所は「真奈胡の御瀬《みせ》」といわれて、多岐原神社から宮川の川原へと降りていったあたりといわれています。

同じ大紀町の「瀧原宮《たきはらのみや》」[注1]に、いったんはアマテラスをお祀りしますが、なんと「ここではない」というご神託があります。

これはヤマトヒメにとり、きっとショックだったのではないでしょうか。それでも、諦めることなく、南伊勢の山中へと入っていきますね。

櫻井　この辺りは、川村さんと一緒に巡ってきましたね。瀧原から藤越峠を越え度会町の一之瀬地区へ入る峠道は近道ですが、私たちには厳しいので迂回をしましたが、一之瀬の県道沿いの杉木立の道端に「川上の清水　倭姫伝説の神水」（度会郡度会町川上）があります。

川村　歩いて進むしかない山道で、ヤマトヒメが渇いた喉を潤された。その伝承が残り、地元の方が石を組み、二つの管から清水が流れています。私たちも清水を頂戴しました。

櫻井　ヤマトヒメが休んだという「乙女岩」もあります。県道沿いの入り口から歩いて登りますが、その頂上の乙女岩は、5メートル四方が平らになっています。ここで、ヤマトヒメに乙女舞を奉ったと。それで乙女岩といわれると地元の伝承も残っています。

体感や感情がイキイキと描かれる

川村　実際、伊勢国に入られてからも、川も山の中の移動もと、けっこう険しい大変な旅だったことを実感しました。

　ヤマトヒメは険しい山道を進み、美しい野を見つけます。けれど、そこは宮処にするには困難だとわかり、困りはて、ヤマトヒメはアマテラスに「侘びた」、とあります。大神さまの想いに叶うところがみつけられずに「侘しい」といわれたところから、名づけられた「和比野《わびの》」という地名。

　現在は、度会町和井野《わいの》といわれます。2千年前のヤマトヒメの伝承が、地名にも清水も

［注1］**瀧原宮**　伊勢神宮の皇大神宮の別宮。天照大神を祀り、古くから「遥宮《とおのみや》」として崇敬を集める。三重県度会郡大紀町。

今もちゃんとあるのです。

櫻井　和井野も実際に行ってみましたね。

川村　「侘しい」といわれ名づけられた、和井野集落に行ってみると、小さな集落でしたが、私たちが、ヤマトヒメの祠が見つからずに探していると、わざわざ道案内をして、ていねいに教えてくださって。

櫻井　ヤマトヒメの祠があり、大きな欅の木があった土地の由来がわかる記念碑が立っていました。

　この集落では、富士信仰の姿である浅間《せんげん》神社の行事も大切にされていて、ヤマトヒメの祠もちゃんと守られていましたね。

川村　しっかりと守られていて、地域が伝承してきた尊さを感じました。

櫻井　「瀧原宮」では、「ここは違う」とご神託があった。この「和井野」でも、「どうすればいい。これでいいのか」と、侘しくなられている。とっても人間的ですよね。辛くなっている、というのを隠さない。

川村　そうなんです。『倭姫命世記』は、ヤマトヒメの感情や思いが、いろいろなところに顕著に表現されているのが、おもしろいです。

　道なき道、未知の世界への旅の連続です。それでも一歩を踏み出し続ける。その道中で体験された、川の水の冷たさ、菅笠に打ち付ける雨、ぬかるむ山道、目の前に突如現れる鹿の肉……困ったときに現れる助っ人。それでもアマテラスのためのよきところがみつからない申し訳なさ。募る侘しさ……ヤマトヒメが感じたであろう体感や感情が、ひしひしと伝わってくる感覚があるんです。まるで子どものころに〝童話〟を読んで、その物語を追体験しているような。

そして、巡幸地を巡ると、その伝承が、現代もなお生きて残っていることに、発見と感動があります。すべてを巡って欲しいとはいえませんが、こうした伝承が、それぞれの地域に生きていて、それを守っている人がいらっしゃることを忘れずにいたいですし、どこか巡られたときに、そこでヤマトヒメが何を体験されてどう感じていたかなど、想像の羽を膨らませてもらえたら嬉しいです。

五十鈴川の川上――霊妙な地に

川村　物語では、「瀧原宮」からの南伊勢地方の苦しいご巡幸が続きました。

櫻井　宮川の水域をみると、『倭姫命世記』にも出てこない、ヤマトヒメの伝承が、わりと固まって残っています。私たちが気づく以上に、神宮との深いつながりを感じます。

この道中では「御贄処《みにえどころ》」と、アマテラスへのお供えするご神饌となるものが、「ここにもあります」「ここにも」と、たくさん出てきます。ヤマトヒメがアマテラスの祭祀をおこなうのに、これでいいのだろうか？　このやりかたでいいんだろうか？　という想いが、こういう語りを導いているのではないかと思いますね。

川村　苦労続きのヤマトヒメに、やがて、オオワクゴから、朗報がもたらされます。「五十鈴川の川上に佳き宮処があります」と。ヤマトヒメは、宮川から一度伊勢湾に出て、五十鈴川へ向かいます。二見浦《ふたみうら》では、地元の神から堅塩《かたしお》を献上されたという話も出てきますね。

櫻井　五十鈴川に入ったヤマトヒメを、地元の神々が歓迎しています。

川村　そして、サルタヒコ（猿田彦神）の子孫のオオタノミコト（大田命）が、「光輝く霊妙な地があり、アマテラスがお現れになったときに献上しようとお祭りしていた」と、ヤマトヒメを五十鈴川の川上へと案内します。

このサルタヒコは、アマテラスの孫のニニギノミコトが、天上界の高天原《たかまがはら》から地上へ降りてくるときに、道案内をした道開きの神ですね。

櫻井　そして、その霊妙な地は、その昔、アマテラスが、天上界から地上をご覧になり、「伊勢国にはよき宮処がある」と、見定めて、天太刀《あめのたち》・逆鉾《さかほこ》・金の鈴を高天原から投げ下ろされたところだった」と続きます。

川村　霊妙な地をご覧になったヤマトヒメも「ここだ」と思われたのでしょうね。非常に喜ばれて、朝廷に報告したとあります。

とうとう、五十鈴川の川上に、アマテラスはお祀りされます。これが、私たちが今もお参りできる伊勢神宮の内宮こと「皇大神宮《こうたいじんぐう》」のはじまりですね。

大和国を出発されて40年、初代のトヨスキイリヒメから数えると90年の歳月をかけて、いよいよ大偉業を成されました。

櫻井　アマテラスをお祀りされるとき、ヤマトヒメのお召し物の長い御裳《みも》の裾が汚れてしまい、清らかな五十鈴川の水で、汚れをすすがれます。そこから、神宮内の五十鈴川のこのあたりを御裳濯川《みもすそ》と名づけられたというんですよ。

川村　内宮の宇治橋を渡り、参道を進んでいくと、御手洗場《みたらしば》があります。そこを流れる清流が御裳濯川ですよね。それもヤマトヒメが由来だったのですね。

櫻井　はい。そして、垂仁天皇26年冬、アマテラスは、五十鈴川の川上にお鎮まりになりました。

川村　このとき、ヤマトヒメの夢枕にアマテラスが現れて「私が、高天原にいるときに見定め求めたところはここである。ここに鎮まり定まろうと思う」とお告げがあり、巡幸の旅のお供だった、五大夫やオオワクゴに、この夢のお告げを知らせるんですよね。

櫻井 オオワクゴも喜んで、国を称え、みなで終夜《よもすがら》（一晩中）、盛大な祝いの宴を開き、歌い舞い喜ばれたとあります。その様子は、天上界の高天原にある宮殿の儀式のようだったとあります。

川村 そこでヤマトヒメも国祝いをされました。

朝の日が向かってくる国、
夕方の日が向かってくる国、
波の音が聞こえない国、
風の音が聞こえない国、
弓矢や鞆《とも》（弓を射るとき、左の手首につける革製の武具）の音が聞こえない国（戦のない国という意味）
打摩伎志売留（難語で意味が不明）
幾重にも打ち寄せる波の穂の国で素晴らしい国
（神風の）伊勢の国に百伝《ももつた》う度会の県の佐古久志呂《さとさこくしろ》
五十鈴の宮にお鎮まりお定まりください。

『「倭姫命世記」研究――付訓と読解――』より

櫻井　ヤマトヒメの父、垂仁天皇は、嬉しい報告を受けて、五大夫のオオカシマ（大鹿嶋命）を祭祀の官に、そしてオオワクゴを神の国の国造とし、神官たちを指揮する大神主との兼務を任命されました。

川村　ヤマトヒメは、アマテラスの鎮まる近くに建てられた「斎宮《いつきのみや》」で神仕えを続けられました。

ご鎮座後の旅　ヤマトヒメが定めたお供えのあわび――熨斗の起源

櫻井　『倭姫命世記』によると、伊勢の神宮にアマテラスが鎮まったあとも、ヤマトヒメは、「もっとよいお祭りをするために」と、お供え（御料）を探して旅をされます。ご鎮座後も、アマテラスの御杖代《みつえしろ》としてのお役目は終わっていませんでした。

川村　少しでも大神に素晴らしいお供えをと探し求めて、船で伊勢志摩へと向かわれています。

そのときに定めたお供えなど、今の私たちが知るものを少しご紹介したいと思います。その代表が、あわびです。

櫻井　あわびは神宮のお供えのもっとも重要なもののうちの一つといわれています。志摩の国崎《くざき》というところで、「由貴《ゆき》の潜女《かづきめ》」、地元では「お弁さん」の名で知られている女性と出会います。

「由貴」は神聖な場所の意味で、「潜女」は海女さんですね。

川村　このお弁さんがあわびを献上されて、その美味しさに驚かれたヤマトヒメは、アマテラスのお供えに定めます。

櫻井　神宮の三節祭《さんせつさい》というもっとも重要な神事（10月の神嘗祭《かんなめさい》、6月と12月の月次祭《つきなみさい》）も、ヤマトヒメが定めたとされています。この熨斗《のし》あわびと生あわびは、この三節祭の「由貴の大《おお》御饌《みけ》」（非常に神聖なご神饌）として、お供えされます。

国崎には、神宮の「御料鰒調製所《ごりょうあわびちょうせいしょ》」があります。前の浜と呼ばれる神聖な浜でとられたあわびを乾燥させた「熨斗あわび」は、一定の大きさに切り分ける「身取あわび」と、あわびの小さいものを梯子のように挟んでいく「玉貫あわび」があり、毎年、地元の皆さんが手作りされています。

川村　のし袋［注2］の「のし」が、熨斗あわびから来ていること、さらにはヤマトヒメのこの話が熨斗の起源であることにも驚きです。のし袋の右上の細長い折り紙があり、そこの芯の茶色の短冊が、熨斗ですね。

櫻井　この「御料鰒調製所」の前の小道を進むと「倭姫命巡幸旧碑」と、ヤマトヒメが巡幸で訪れたとする記念碑があります。さらに小道を進むと鎧崎《よろいざき》灯台。ここは「ヤマトヒメが鎧を外した」から命名されたと伝わります。

川村　元祖の海女お弁さんを祀る「海士潜女《あまかづきめ》神社」もご鎮座していて、潜水作業のめまいにご利益があるとされます。

櫻井　国崎の海女さんが、その年の福徳の神、歳徳神《としとくじん》を藁《わら》船にのせて送り出す神事「ノット正月」や、あわび漁の解禁前には、「御潜《みかづき》神事」で、作業の無事と豊漁を祈願します。

川村　国崎の方々は、誇りを持ってあわびを採り、そして調製されて、ヤマトヒメの時代から、連綿と受け継がれて、今も神宮に献上されていますね。

櫻井　けれど現在は、海女さんの数がかなり減っているようです。

この鳥羽の国崎から伊勢に戻るときにも、ヤマトヒメは、伊勢湾に浮かぶ島々を、アマ

［**注2**］**のし袋**　お祝いの折に金銭を入れる紙の祝儀の袋。かつては祝儀の食品として、熨斗あわびを贈る習慣があったが、その習慣が簡略化されていき、その名残としてのしをつけ水引をつけた祝儀袋となった。

テラスのご神饌《しんせん》［注3］を用意する御贄処《みにえどころ》と定めていきます。

そこは、アマテラスにお供えする魚類を採る神聖な尊いご料地。重要な場所としてヤマトヒメがお定めになったとなると、その土地の人にとっては、自分たちが大神へのご神饌を献上するのだという、揺るぎのない誇りになっていますよね。

一方、神宮にとっても、今、このように祭祀をしているのは、ヤマトヒメがお定めになられたから、私たちは、そのご神饌の品々を受けてお祭りをするのだと。

御贄処として、ご神饌を差し出す地域と、受け取る神宮側が一体の関係になっている。

川村　なるほど。どちらかだけの関係ではない。「受け取ってください」「いりません」ではない、相互関係。

櫻井　その共通の合意は何かというと、それは「最良のものを献上しましょう」。この最良とは、本当に心を込めてつくったもの、採取したもの、あるいは、海女さんなど、尊い自分の命をかける海へと潜り採取してくる……誠心誠意で献上し、それを受け取り神にお供えする。

川村　ヤマトヒメの伝承地という場所だけではなく、ヤマトヒメの想いや、土地の人々の積み重なった心も共に伝承されているのですね。

ヤマトヒメが二度見した二見浦と堅塩

川村　お供えといえば「塩」も欠かせません。

櫻井　神宮でご神事にお供えするのは「堅塩《かたしお》」といい、内宮ご鎮座以来、清渚《きよなぎさ》と呼ばれる二見浦の塩がお供えされています。

川村　この「二見」という地名も、ヤマトヒメがご巡幸の折り、この国の名を、オオワグゴに問うと、「二度もご覧になるほど美しい二見の国」と答えたとされています。そして、この土地の神が、ヤマトヒメに堅塩を献上し、それを喜んだヤマトヒメが「堅《かた》田社《だしゃ》」のお宮を定めます。

オツワクゴ（乙若子命。オオワクゴの弟）が、この浜を御塩《みしお》並びに御塩山《みしおやま》と定めたとありますね。

櫻井　御塩山というのは、塩を焼く木を伐る山で、御塩並びに御塩山をセットで定めたと

［注3］ご神饌　神にお供えする飲食の総称。神饌を備えて神をもてなし、しばしば神と人が共に食事をするのが日本の祭の特徴。酒、水、塩、穀類をはじめ、人が採取し作りうる最高のものを最上に飾りつけて供えた（『神道事典』より）。神宮では「御料」という。

いうのがポイントです。

現在は、伊勢市内を流れる五十鈴川の河口に「御塩浜」と、二見浦に神宮の「御塩殿神社」と「御塩焼所」があり、古来からの入浜式塩田法《いりはましきえんでんほう》の製法で堅塩がつくられています。

これは、はじめに御塩浜で、濃度の濃い塩水を吸収し、「御塩焼所」で、鉄の平釜で炊き上げて荒塩にして、「御塩殿」の釜で三角錐の土器に詰めて、焼き固めて仕上げます。出来上がった堅塩は、神宮の外宮《げくう》で毎朝夕にとりおこなわれる「日別朝夕大御饌祭《ひごとあさゆうおおみけさい》」はじめ、数々のお祭りにお供えされます。

神御衣

川村　神をお祀りするための「衣・食・住」でみると、住は、二代にわたるご巡幸を終えて、五十鈴川の川上にお宮を建ててご鎮座されました。そして「食」もヤマトヒメが、自ら志摩へと足を運ばれて、あわび、魚類、塩のご料地も定められていきます。

もう一つ、神の「衣」にも触れていきたいです。

ヤマトヒメが神宮にアマテラスをお祀りしたあと、『倭姫命世記』には、こうあります。

天棚機姫神《あめのたなばたひめのかみ》の裔《すゑ》、八《や》千《ち》々《ぢ》姫命《ひめのみこと》をして、年毎に夏四月秋九月に神服を織らしむ。
『倭姫命世記』より

川村　高天原の機織《はたお》りの姫神のアメノタナバタ（天棚機姫神）の孫である、ヤチヂヒメ（八千々姫命）に、まるで天上にいるがごとくにアマテラスの衣（神御衣《かんみそ》）を織らせたとあります。

神宮では5月と10月の14日に、古式ゆかしく織り上げた絹と麻を大神に奉る「神御衣祭《かんみそさい》」がおこなわれます。

櫻井　この「神御衣祭」は、内宮だけで外宮にはありません。皆さん、この神御衣は、アマテラスの衣裳で、単なる衣替えだと思っていらっしゃるでしょう？

川村　衣替えだけではないんですか？

櫻井　はい。特に10月（旧暦では9月）。これは、祭の場を整える、毎年、祭の場を更新する、その行為の一環なんです。ですから神御衣祭がおこなわれる10月14日は、重要な神事「神嘗祭《かんなめさい》」の前日にあたります。

川村　なるほど。その年の新穀を大神に奉る「神嘗祭」の前日に、一年に一度、アマテラスのお召し物、装束だけではなく、祀られている祭場自体を新しく整えて刷新される。

櫻井　神さまの「御座《ぎょざ》」（神や天子などの座するところ）の「座」というのは、しつらえの一つでしょうね。これを整える。そして毎年毎年、神嘗祭をおこなって、20年になると「式年《しきねん》遷宮《せんぐう》」になるわけです。

そういう意味で「式年遷宮」を「大神嘗祭《だいかんなめさい》」という説もあるのです。

アマテラスの衣裳は、単に衣裳ではなく、アマテラスが高天原の天上で織っていらっしゃるがごとく、地上で、子孫が再現されている。これが大事なんです。

天上のものをそのまま移す、ではなく、子孫というつながりが、地上で織ることで、遥か神話のあの時に戻る。

ヤマトヒメが定めた神御衣づくりは、その神事のはじまりでもありつつ、高天原の神話の原点に戻る〝永遠回帰〟するという意味もあります。

川村　ヤマトヒメのご巡幸のときは、時と場所が、平面になっていましたが、こうした神事により、神話的世界に戻っていくわけですね。

内清浄・外清浄

櫻井　これで神さまの「衣・食・住」もみてきましたね。

ヤマトヒメは、ご巡幸を続けてアマテラスをお祀りしたあとも、「私が今、大神を祀る行為はこれでいいのだろうか？」という、問いかけを持っており、身命をかけて、ひたむきに大神の心に叶うものを求めていかれたのではないか……そう思います。

神をお祀りすることに、目に見えたゴールはありません。きっと暗がりの中、手探りするように、大神と向き合われて奉仕されていたんじゃないでしょうか。

川村　これだけやったら済むというものではないですよね。旅を続けながらも、さらによき神明奉仕《しんめいほうし》、神に明き清き心で慎んでお仕えすることを求められた。

櫻井　アマテラスの「伊勢国に鎮まりたい」というお告げで伊蘇宮《いそのみや》にお祀りをした。それでもなお、「ここでいいのだろうか？」と常に自らに問い続けられた。

瀧原宮をはじめ、伊勢の国中を探しもとめられ、最終的に、五十鈴川の川上にお鎮まりになられた。そして、さらにご神饌を求めて再び、巡幸された。

これは、ご巡幸の「出発点」とも関係する気がします。

川村　巡幸の出発点。崇神天皇の御代に、疫病が流行し初めて宮中から出て、トヨスキイリヒメが、笠縫邑の磯城の神籬に祀られた……ですね。

櫻井　初めて宮中の外にお祀りをした。ではそれで、「よし。終わり」ということではなかった。

祭祀はこれでいいのか？　場所はここでいいのか？　「恒常永久《こうじょうえいきゅう》［注4］の宮処を探しなさい」とご神意を受けて、ご巡幸がはじまります。

このご巡幸の軌跡の〝ミニ版〟が、伊勢国に到着しお祀りした後も、伊勢国で起こったわけです。

川村　なるほど。伊勢国だからと安堵するのではなく、場の問題、祭祀の在り方、神との向き合い方も含めて、伊勢に祀られたあとも、川を上り山を越えて、困難にあいながら旅を続けられました。

櫻井　そんな風に「神のご神意に適っているだろうか」と、振り返り振り返っていく。ヤマトヒメのこういう行為の中に、「祭祀」「祀る」という根本的な意味があるのかもしれません。

伊勢の〝ミニ版〟でも、「瀧原宮」に一度はお祀りしたが、「ここではない」とお諭しがあり、宮川の上流では、鹿の肉が流れてきたということで、穢れを避けるということも諭していただいている。

川村　そう考えるとヤマトヒメの出来事と、内面とがリンクしているようです。

櫻井　伊勢神道では「内清浄《ないしょうじょう》・外清浄《げしょうじょう》」といいますね。

川村　内なる清浄と外なる清浄……。

櫻井　外なる清浄は、禊や祓や、身を清めることが象徴的ですね。

川村　内なる清浄とは、心の清浄、浄明正直《じょうめいしょうちょく》ともいいます。

ご巡幸をされながら、ヤマトヒメは、ご自身の外なる清浄と、内なる清浄、それら一つ一つをけっしてどれも飛ばすことなく見つめながら、大神と向き合いながら、やがて統合されたのかもしれません。

櫻井　旅を続ける中で、少しずつ少しずつ、さまざまなものが、確実化されていったんでしょう。

川村　神田、水、塩、あわびといったご神饌をはじめ、本当に一つ一つ、大きなパズルに一つ一つのピースをはめられていくような……。

櫻井　大きな祭祀というパズルのために。場の問題、時の問題など。

［注4］**恒常永久**　恒常は、一定の状態でかわらないこと。変化なく同じことの繰り返し、それが永久であること。

川村　あらゆる分野やレベルのものを一つずつ丁寧に確実に定めていかれて。

櫻井　いよいよ最終的なトンネルを抜けると、そこは「高天原」の神の国のようだったと（笑）。

川村　ヤマトヒメが、祭祀の在り方を「これでいいのだろうか」と、アマテラスに向き合われている姿は、まさに内なる清浄ですね。

そしてバラバラだったピースが、大きな立体的なパズルのピースが、収まるべきところに収まっていったような、とてもコスモロジカルな感じがします。

櫻井　そして、私たちが、この内なる清浄を実践するならば、それは「大祓《おおはらえ》」の祝詞を唱えることではないかなと。

川村　「大祓」の祝詞とは、神道の祭祀で、神に奏上する祝詞の一つです。

少し解説しますと、古代、毎年6月と12月の晦日《みそか》に、知らず知らず身についた〃罪や穢れ〃を祓うために「大祓」という神事がおこなわれました。このときに奏上するのが「大《おお》祓詞《はらえのことば》」（巻末に全文を掲載する）で、神事に集まった人々に聞かせる祝詞です。

現代でも、全国の神社では、6月の晦日は「夏越《なごし》の大祓」、12月31日は、「年越しの大祓」がおこなわれています。神社によっては参加できるところもありますね。

この祝詞を唱えることで、罪（神話の時代のもので現代の罪とは概念が違う）や穢れを祓い清めるとされます。

櫻井　『倭姫命世記』には、「祓の法《のり》」の決まりもヤマトヒメが定めたとあります。

川村　はい。この大祓詞の文字面を、目で追うだけじゃなく、声に出して読んでいくことで、内なる心が清められて鎮まっていくのではないかとも思いました。

櫻井　一般の方にも、「大祓」という祝詞があることを知ってもらいたいですね。また、私は、ヤマトヒメが童女に神に仕える心を諭した言葉も、内なる心の在り方の指標になる気がします。

お別れ

川村　時を経て、ヤマトヒメは、この世を旅立つことになられます。

櫻井　『倭姫命世記』では、「倭姫命薨去《こうきょ》」の段落は、伊勢神宮の内宮（皇大神宮）にアマテラスが祀られてから500年後、外宮こと豊受大神宮のご創建後となっています。

川村　500年後ですか。

櫻井　そうしたことから、ヤマトヒメは一人じゃなく何人もいたのではないかといわれています。

川村　おもしろいことに、アマテラスを五十鈴宮に祀ったあと、ご自身も叔母のトヨスキイリヒメから御杖代を委ねられたように、姪っ子の五百野皇女《いほの》に、お役目を譲られていますよね。私は、勝手に、きっとヤマトヒメの薨去のくだりは、後世に付け加えられたんじゃないか、なんて推察しています（笑）。

櫻井　『倭姫命世記』によると、神宮の神主やお仕えする人々を集めて、神祭りに大切な心を諭されます。それをお告げになると、「自ら尾上《おのへ》の山の峯に退《しりぞ》き、石隠《いはかく》れ坐《ま》しまき」とあります。

伊勢市の倉田山の近くにある「尾上御陵《おべごりょう》」「倭姫宇治山田陵墓参考地《やまとひめうじやまだりょうぼさんこうち》」（伊勢市倭町）が、ヤマトヒメの御陵であろうといわれています。

川村　ここは、さびれてしまっていたそうですね。お参りする人も少なくなったと。私もまだこちらには行ったことがありません。

櫻井　御陵が忘れ去られていく中、ヤマトヒメの偉大なご功績と、ご神徳を尊び、倭姫宮《やまとひめのみや》をご創建しお祀りしたいという伊勢の人々の想いにつながっていったのでしょう。

川村　倭姫宮、2千年という歴史ある神宮でいちばん新しいこのお宮は、今年が100周年の記念年ですね。なんだか、ヤマトヒメが再びお出ましされているようにも思います。

櫻井　それでは、倭姫宮に戻ってみましょうか。

元伊勢・伝承地巡り4

ヤマトヒメ〈伊勢〉編

今回出かけたのは、気温30度を超える9月のこと。

「伊勢にいたいと思う」とのアマテラスのお告げの後、最初に祀ったのが「伊蘇宮《いそのみや》」〔図21〕で、比定地は、宮川と外城田《ときだ》川の間に鎮座する「磯神社」（三重県伊勢市磯町）です。

木立の中、奉納された鳥居が並びます。特筆すべきは神社近くの外城田川沿いに立つ鳥居。ヤマトヒメ一行が上陸された跡地とされます。

伊勢の地にお祀りしたからここで終わり……

磯神社

とはならず、ヤマトヒメは、「もっとよい宮処があると思う」と、アマテラスのために身命を賭して、小舟に乗り、再び旅にでられますが、伊勢国の中での巡幸《じゅんこう》も、苦労続きの厳しい旅になるのです。ふう〜ご一緒してみましょう。

伊勢神宮の内宮《ないくう》の別宮《べつぐう》「瀧原宮《たきはらのみや》」〔図22〕は美しい渓谷に鎮座し、頓登《とんど》川の清流ながれる御《み》手洗場《たらしば》に、神宮杉の参道と、心身が浄められていく、大好きなご神域です。

でもこちら、アマテラスから「ここは私の思う地にはあらず」とお諭しが！　ガーン。

雨に打たれ、険しい山道を進み、山中の清水で喉を潤し、南伊勢の山中を歩いて進みます。宮処を探せないことをアマテラスに侘びた地は、今は「和井野《わいの》」の集落で、ここにもヤマトヒメが祀られています。

旅の相棒、オオワクゴが「五十鈴川《いすずがわ》の川上に

和井野小祠

よき地が」とヤマトヒメを迎えにきて、宮川を下り、五十鈴川へ入っていきます。この道中にも神宮のお供えの土台となるさまざまな出会いがあり、ヤマトヒメは御塩《みしお》を定めたりしながら旅を続けます。

そして五十鈴川沿いの「矢田宮《やたのみや》」［図㉓］（伝承地不明）と「家田田上宮《いえたのたかみのみや》」［図㉔］へ。ここはアマテラスにお供えするお米をつくる「神宮神田」（伊勢市楠部町）の起源とされます。五十鈴川の水をひき、うるち米、もち米はじめ約10種類のお米を育てています。もちろん入ることはできませんが、目の前の道路から眺めることができます。ヤマトヒメが定めた神田、そこで作られたお米は、今も毎日、「日別朝夕大御饌祭《ひごとあさゆうおおみけさい》」をはじめ、ご神事でお供えされます。伝承が生き続けていることは、けっしてあたりまえじゃない。鳥居が立ち、広がる神田を目にして、その凄さを改めて感じました。

「奈尾之根宮《なおしねのみや》」［図㉕］にいるとき、サルタヒコ（猿田彦）の子孫のオオタノミコト（大田命）から「五十鈴川の川上に光輝く霊妙な、アマテラスオオミカミがお現れになるところがあります」と朗報が。

この比定地は2社。伊勢市の住宅街に鎮座する「宇治山田《うじょうだ》神社」。興玉《おきたま》の森の小

神宮神田

宇治山田神社

高い丘にあり、もともとは道開きの神サルタヒコの〝住居〟とのいわれが。緑に覆われた参道の先は、苔が美しいご神域で、優しい気に満ちています。

もう一社は、宇治橋前のロータリーの向かいに鎮座する「津長神社」。

そして五十鈴川の川上の霊妙な地を訪れたヤマトヒメ。そこが皇室の祖が永久に鎮まるよき宮処と喜ばれます。アマテラスもヤマトヒメの夢枕に立ち、「高天原《たかまがはら》にいたときに、見たところ。ここに鎮まり定まろう」と諭されました。

垂仁《すいにん》天皇26年、ヤマトヒメは、アマテラスを祀ります。いわずもがなの、「五十鈴宮《いすずのみや》」［図㉖］、神宮の内宮こと皇大神宮《こうたいじんぐう》です。宇治橋に昇る朝日、五十鈴川の清流、日本人の心の故郷の誕生です！

私はいつも、日の出と共に宇治橋を渡り、内宮をお参りします。参道を進み、御裳裾川《みもすそがわ》の清流の流れる音に耳を澄ませて、手をすすがせていただきます。

五十鈴川の守り神の瀧祭神《たきまつりのかみ》にお参りし、木立の中を進み、島路川にかかる橋を渡り、風日《かざひの》祈宮《みのみや》へ。

樹齢何百年のご神木が並ぶ参道を進んで、いよいよアマテラスの祀られる正宮《しょうぐう》へ。石段を一段一段のぼるうちに、気持ちも引き締まっていきます。

宇治橋に昇る朝日

静かに手を合わせて、お参りできたことに感謝をして……目をあけると目の前の白い御幌《みとばり》が、風にたなびきゆらめいています。

次に向かうのは、別宮の荒祭宮《あらまつりのみや》です。

ご正宮に沿って続く参道から、ご正宮の神々しい屋根が朝日に輝いています。

荒祭宮は、アマテラスの荒々しいご神意をあらわす荒御魂《あらみたま》が祀られています。

いつも人生の節目にお参りをして、自身の想いや決意を宣言させていただきますが、こちらで涙がこぼれることがよくあります。理由はわかりません。ただ、いつもしばし立ち去ることができません。早朝は、お参りする人も少なく、ありがたいです。

「アマテラスさまが神宮にお祀りされるまでの、ヤマトヒメさまのご巡幸の物語をご紹介させていただく機会を、ありがとうございます」

心の奥深くから湧き上がる想いの軸をしっかりとさせて、決意を新たにして、お参りできたことに感謝です。帰りの宇治橋から、ちょうど朝日が昇ってきていて清々しいです。

ヤマトヒメさまが2千年前にアマテラスさまをお祀りしてくださった大切な、大切な聖地。

そして早朝からお店が開いている「赤福」をいただいて、朝のお参りを終えます。かけがえのない一日のはじまり。

「どうか、ヤマトヒメさまの物語と、そのこころ、光が多くの方に届きますように……」

（文・写真　川村）

インタビュー

神領民の誇り——父から受け継いだ「倭姫宮」

倭姫宮御杖代奉賛会副会長 村田典子さん

伊勢神宮と市民の願いから創建された皇大神宮別宮《こうたいじんぐうべつぐう》の「倭姫宮《やまとひめのみや》」。

1948（昭和23）年には、同宮の崇敬者《すうけいしゃ》［注1］により「御杖代講《みつえしろこう》」が結成された。この副会長で、2023（令和5）年「倭姫宮ご鎮座100周年記念奉祝行事実行委員会」の委員長を務めるのが、村田典子さんだ。

「伊勢商工会議所、伊勢神宮崇敬者総代をはじめ、数多くの役職を務めた父親から、『引き継いでくれ』といわれたのが、倭姫宮御杖代奉賛会でした。やはり、みんなが嘆願してつくられたお宮ですので、奉賛《ほうさん》をさせていただいて守っていくのが自分の任務であるという気持ちが強かったのだと思います。

［**注1**］**崇敬者**　一つの神社を崇敬し、信奉する集団。構成員。氏子は、その神社の氏子区域のもので、崇敬者は、その区域以外のものとわけるのが普通である。（『神道事典』より）

かつて、伊勢に暮らす人は伊勢の神宮の『神領民《しんりょうみん》』と呼ばれ、20年に一度、社殿を新しくする『式年遷宮《しきねんせんぐう》』のご用材を運ぶ『お木曳行事《きひき》』をはじめ、新しい社殿の敷地に敷く白い御白石《おしらいし》を奉納する『お白石持ち行事』など、神宮にご奉仕させていただいています」

江戸時代、伊勢の台所と呼ばれ、水陸両方の物流拠点の商家の町だった伊勢市河崎で、1750（寛延《かんえん》3）年に創業した「村田仙右衛門商店」「角仙商店」（現・角仙合同株式会社）。

村田さんの父は十代目村田仙右衛門さんで、伊勢商工会議所会頭をはじめ、神宮の祭りや地域貢献に尽力した伊勢の名士として知られている。そんな父親について語る村田さんの口調から、敬いと娘の誇りのような響きが伝わってくる。

「大正9年生まれの父は、30代で青年会議所の初代と二代目会長、42歳の若さで伊勢商工会議所会頭となり、18年間つとめさせていただきました。そこにいろいろな役職も付随していて、『倭姫宮御杖代奉賛会』もその一つでした」

式年遷宮は、第40代天武《てんむ》天皇が定められ、41代持統《じとう》天皇の御代に第1回がおこなわれ（690年）、室町時代以降、戦国時代に一時、中断されるも、2013（平成25）年「第62回式年遷宮」まで1300年にわたり継続されて、古式のままに社殿、御装束神宝《おんしょうぞくしんぽう》のすべてを新しくし、大神に新しいご社殿へお遷《うつ》りいただく神宮最大の祭りだ。

1973（昭和48）年の伊勢神宮「第60回式年遷宮」は、戦後、初めて民間でおこなうこととなり、仙右衛門さんは、商工会議所会頭として、全国の商工会議所に頭を下げて奉賛を集めていったという。

「戦後で、商工会議所あげてやらせていただいたのだと思います」

仙右衛門さんは、「お木曳行事」の伝承をどうしていくかを考えて、伊勢の神領民で神宮奉仕会を立ち上げ、また、全国の神社からもご奉仕を募る制度を立ち上げた。そして平成5年の「第61回式年遷宮」も仙右衛門さんが中心となり、2回の遷宮の奉仕をつとめあげた。

「神宮のご遷宮のときに着る黒装束が、二領残されております。

父は戦争に行き、途中で体を壊して帰されてきます。ご一緒だった多くの方々が亡くなられているので『自分は負い目をおいながらやっていかないといかん』『自分は生かされている人間』と、ずっと社会的な活動をしていました。会社に関しても、『社会貢献をしていれば、必ず会社は良くなる』と。父の時代は、昭和の経済の上り調子の時代でもありますが、それでも、伊勢は観光の町ですから、お参りの方をお迎えする気持ちと社会奉仕、神宮のことは本当に大切にしていて、本人もいつも『神宮さんあってこそ』と口にしていました」

毎月一日の朝、神宮への朔日《ついたち》参りも欠かさなかったという。

「地元の人が、神宮にお参りすることが大切だということで、明野《あけの》航空学校（明野駐屯地）の方々と交流をして、『ボリューム会』という会をつくり、毎月の朔日参拝をしていくんです。この朔日参りがきっかけで、赤福さんが『朔日餅』（1978年～）をつくられました。晩年になり、皆さんの歩く速度についていけなくなるんですね。それで私に『一緒にみんなの後ろを歩こう』と声をかけて、それからは朔日参拝を一緒に行くようになりました」

仕事では連れ歩いてもらったことはないが、神宮のことだけは、娘と一緒にでかけることも多かったそうだ。

「『二見《ふたみ》で堅塩《かたしお》を焼いてるから見にいこうか』とか。ヤマトヒメさまの巡幸《じゅんこう》地を一緒にお参りしたときは、『伊勢のコンパクト化のようやな』とも話していました」

晩年は仲の良い父娘。とはいえ思春期には人並みに〝反抗心〟が芽生えたこともあったと笑う。

「父から、市立倉田山中学校から、皇學館高校への進学を勧められて、大学も皇學館大学で、倉田山に10年通いました」

伊勢市内の倉田山には、ヤマトヒメを祀る倭姫宮がご鎮座している。

「倭姫宮にもよくお参りしました。やがて社会に出て、自分が〝あたりまえ〟として受け取っていたことが〝あたりまえ〟ではないのだと気づきました」

大学卒業後、25歳のころ、父親の会社の事務員がやめたことをきっかけに会社に出るようになった。また仙右衛門さんのさまざまな役職の秘書職を担うことになる。そして2000（平成12）年、「をみなの祭」を、典子さんをはじめ女性が中心となり開催したときのことだった。

「私にとっては、神宮をはじめ神社へのお参りの作法『二拝二拍手一拝』［注2］は、〝あたりまえ〟だと思っていましたが、まずお参りの仕方がぜんぜんわからないと。日本神話についてもわからないと。母校の皇學館では、神話から学びますから、その、〝わからない〟ことが私には〝わからなくて〝これほど違いがあるのかと。伊勢には神宮という宝物がありますが、この宝物の在り方も、伝えられない人が多いことに驚きました。

神宮のお膝元の神領民ですから、伊勢に暮らしていると遷宮《せんぐう》で奉仕できる特権もあります。これも〝あたりまえ〟のように思っていますが、全国から伊勢に奉仕に来られる方の熱い思いを見ると、〝あたりまえではない〟ありがたいことだとも気づきます」

ちょうどそのころだった。父の仙右衛門さんの事業を引き継いでいく中で「倭姫宮さんには、お前も出てこい」と声がかかったのだ。

「父は80代、私が50代になったころです。他の役職は『勝手にせい』といっているのに、『とにかくお前もみんなの前に出てこい』といったのは、倭姫宮だけでした。きっと父には、『継承していかなければいけない』という思いがあったのでしょう。それから父と一緒に例大祭《れいたいさい》［注3］にお邪魔して、社務所でお参りにきた方にお茶を出すなどのお手伝いをはじめました」

ヤマトヒメについて、「導きの神」とよく話していたという仙右衛門さんは、平成20年9月に天寿を全うされた。

［注2］**二拝二拍手一拝**　神社での基本の参拝方法。拝とは、最も重き敬礼作法。神前で、二度、腰を曲げて拝礼をし、二度柏手《かしわで》を打ち、さらに一度拝礼する。
［注3］**例大祭**　神社で年に一度、ご祭神、または神社に由緒ある日をもっておこなう大祭のこと（『神道事典』より）。倭姫宮は、大正12年11月5日に御鎮座祭がとりおこなわれたことから、5月5日に春の例大祭、11月5日に秋の例大祭がとりおこなわれる。

「父もよく、『何かに導かれるようにして倭姫宮に辿りつかれる方が何人かお見えになる』といっていました。本当にご縁があり、人と人を上手に結んでいく。そして救っていかれる。『何かにすがりたいとき、迷っているときに、たまたま連れてこられてお参りすると道が開けた』という方もいらっしゃいました。私は、ヤマトヒメが芯の強さを持ち、大神さまからいわれて動かれながら、きちっと達成されていくところに魅了されます。謙虚でありながら芯をしっかり持つのは、日本女性の良さだと思うので、それをしっかりお伝えしてくださっている気がします」

最近は、倭姫宮のことをネットで調べてお参りする人も増えたという。

また、コロナ禍を経験して見えたこともある。

「宇治橋へ続くおはらい町の参道の、店がすべて閉まっていて誰もいない光景を見て、ある方は『戦争時代に見た光景と同じである』と仰いました。そのくらい疫病の怖さを推し量ったと思いますし、経済も打撃をうけました。それでも、皆さんが、神宮にお参りされて手を合わせにこられるのはすごいことです。日本人の魂、日本人の心がちゃんと祈りとして、この地に宿っていることに感動しました」

御鎮座100年を迎えた今年5月5日「倭姫宮春の大祭」がとりおこなわれた。若葉が風にそよぐ境内に、多くの人が参列した。

「3年ぶりに舞楽もおこなわれて。子どもの日なので、和紙の鯉のぼりの授与と、竹筒に灯りを灯し塗り絵をする子どものワークショップもおこないました」

11月には、2日間にわたり奉祝《ほうしゅく》行事がおこなわれ、典子さんはその実行委員長を務める。「きっと父は、『こいつにできるのかな』と思っているのではないでしょうか（笑）。大役にドキドキしています。

やはり倭姫宮は、伊勢の地域の方々が願い、お祀りされた神さまです。神宮の神さま『倭姫宮』があるということを、市民にとっての倭姫宮をもっと大事にしていきたい。ヤマトヒメの御陵《ごりょう》（お墓）もあるのですが、そちらも皆さんにお参りしてほしい。そして、父をはじめ皆さんから受け継いだ宝を、次の世代にどう伝承していくか、それがいちばん大切なことだと思っています」

（取材・文　川村）

第5章

ヤマトヒメの旅を終えて

令和の今とヤマトヒメの「岩戸開き」

櫻井　倭姫宮《やまとひめのみや》の表参道に戻ってきました。ヤマトヒメは、伊勢神宮の本当に長い歴史の中で、初めて人格を神霊として100年前に祀られて、2023（令和5）年で100年の記念年になります。今日は5月5日、春の例祭でした。秋、11月5日の例祭に合わせ、ご鎮座100年祭の奉祝行事がおこなわれます。

川村　これまでの私たちのヤマトヒメを巡る旅を振り返ってみたいと思います。1章でも触れましたが、アマテラスが宮中を出て、永久に鎮まるところを求めるきっかけは、崇神《すじん》天皇の御代の疫病の流行、社会不安でした。現代ととても近い気がします。

櫻井　ここ数年、私たちはコロナ禍という、誰も経験したことのない時代を生きてきました。このコロナの後、世界的にも、自然災害においても次に何が起こるかわからない「間《ま》」の時代を生きています。

誰かがいっていたのですが、ヨーロッパの人にとっては、平和というのは戦争と戦争の「間」のことだと。平和があり、あいだに戦争があるのではなく、戦いの中の「間」が平和だと。

時代という大きな流れの中で、コロナのパンデミックが終わり、次、ひょっとしたらもっと思いがけない大きな何かがあるかもしれない。

そして今は何もない「無間期」で、とても大事な時であるのだと語っていた。興味深い考えだと思いました。

さまざまに広がりを持っていたことが、コロナ禍、縮小社会、超高齢化社会によって、縮小、あるいは内なる世界へ籠《こも》ろうとしているところだと。

川村 日本社会も、人口が現在の1億2千万から、50年後には8700万に減少するなど、あらゆるものが収縮期に入っています。

ただ、この収縮を単に〝悪い〟とマイナスにとらえるのではなく、内なる世界へ向かうことをどうとらえるか？　が大事なのではないでしょうか。

櫻井 内なる世界に籠るという場合には、常に外なる世界とコンタクトがあり、内なる世界の中にこそ、今度は開こうとする意志や力は保っておかなければいけないと思うんですね。

川村 そうですね。閉じこもるだけではなく、根っこで開こうとする……、なんていえばいいんでしょう。

櫻井 復元力、復元する力とか。あるいはまさに道（未知）を開く力じゃないですかね。

『倭姫命世記』によると、ヤマトヒメは、最後に「自ら尾上《をのへ》の山の峯に退《しりぞ》き、石隠《いはかく》れ坐《ま》す」と書かれています。普通に読むと、亡くなられたですね。岩戸隠れというと……。

川村　アマテラスの天の石屋戸の神話ですね。天上界の高天原《たかまがはら》を統治していたアマテラスの元に弟のスサノオ（須佐之男命）がやってきますが、乱暴狼藉《らんぼうろうぜき》を働いたことに心を傷めたアマテラスは、天の岩戸に隠れてしまいます。

太陽の神アマテラスがお隠れになったことで、天も地も闇に包まれてすっかり暗くなり、闇が続き、多くの災いが起きてしまいます。

困った八百万《やおよろず》の神々が、天の河原に集まり、なんとかアマテラスに天の石屋戸から出てもらうべく解決策を相談し、みなで力を合わせて、祭りをおこないます。

櫻井　この岩戸隠れされたアマテラスと、岩戸開きの神話の世界の在り方は……。

川村　常にセットになっていますね。

櫻井　はい。天の石屋戸神話では、岩戸隠れしているアマテラスが、外の世界をちょっと覗こうとしていたのを、力持ちのタヂカラオ（手力男命）が、アマテラスの手をぎゅっとつかんで岩戸を開いてひっぱりだした、とありますよね。

ということは、外から開いてもらうことが、大事なことのように見えますが、そうではなくて、アマテラスが岩戸隠れした世界は、暗闇だけの世界になり、あらゆる禍が起きたわけです。

川村　はい。八百万の神々が知恵を出し、それぞれの役割を果たしてお祭りをしました。

櫻井　真っ暗闇の世界なのに、岩戸の外は、明るく大らかに楽しそうだと、アマテラスは不思議に思い、ちょっと岩戸を開けて、自ら外を見ようとした。これは、内なる世界を中から開けようとする意志です。

これを持っていないと、外からの開こうという世界とは一致しない。

川村　内と外の意志の一致。

櫻井　これが一致したから、アマテラスは、岩戸隠れから岩戸開きへと動きがあり、闇夜から、今度は常世《とこよ》へと転換したのだと読み取れます。

そこで、先ほどのヤマトヒメの岩戸隠れされたことを、アマテラスの岩戸開き神話と合わせて読んでみると、ヤマトヒメも内から開こうとするお力をまだ持っていらっしゃるんじゃないかと思うんです。

現代において、ヤマトヒメの物語に私たちが触れるというのは、ヤマトヒメが、内から私たちに何かを開けようとされているのではないだろうかと。

川村　ちょうどご創建100年ですし……。現代は、けっして生きやすい時代ではありません。けれど、ヤマトヒメの物語には、苦難や、迷いや、孤独など、誰しもの人生で起こることが描かれています。

その難関を、仲間と共に乗り越えて大偉業を達成された。その過程を知るだけでも、何か力や勇気を私たちも頂ける気がします。それがこの本の出発点でした。

自分自身の内に籠ろうとする中でも、外に出ようとする力もあり、外からの力や影響と重なってこそ、岩戸が開く、という感じかもしれません。それこそが、縮小していく時代の中でも私たちに必要な「復元する力」ですね。

櫻井 内と外が一致することで、自らに光を灯し出している。灯明となるように思いますね。

川村 心にともる灯明、光は、生きる力になりますね。

分断社会とツナグ力

櫻井 もう一つ、川村さんは、チーム・ヤマトヒメといいますか、和合の力を感じたといっていましたね。そこでコロナ禍というものが、いろいろな分断を起こしたこともみておく必要がありますね。

川村　格差社会ともいわれますし、紛争地域の分断もありますし、いろいろな分断が現れていますね。

櫻井　昔からの人間のつながりには、「血縁」がありました。けれど現代は、親子など当たり前のようにつながっていたものも分断を起こしています。もう一つの「地縁」も、お隣のことを知らないことも多く、分断しているでしょう。

そして、もう一つが「社会縁」と呼ばれる、学校や会社など何かしらの社会活動をおこなう中でつながる縁。こうした縁もコロナ禍で分断されたところがあります。逆にコロナが収束に向かう中、「やはり顔を合わせられてよかったね」ということもあれば、分断により起きた距離が、お互いに存在するのに心地よいこともあります。

川村　リモートワークも増えましたし、会社の飲み会なども減少し、両方がありますね。

櫻井　では、分断してしまった先にどこへ向かうのか？　それをもう一度、つないでいく、必要もありますね。

社会の中で生きる、自分の役目を果たしていくのはとても大事なことではないでしょうか。ヤマトヒメの場合は、いろいろな苦難と成長の中で、川村さんのいうチーム力、和合の力を見出されてきたのではないでしょうか。

川村　はい。ヤマトヒメのチーム力です（笑）。また、櫻井先生と対話を重ねる中で気づいたのですが、ヤマトヒメは「ツナグ人」だったのだなと。「ツナグ力」というのでしょうか。アマテラスと人をつなげる御杖代《みつえしろ》であり、天皇と人々もつなげるし、旅することで朝廷と、旅先の地域ともつないでいきます。

伝承もそうですし、塩、あわび、お米などのご神饌《しんせん》も、御杖代のお役目ですし。代々、伊勢に赴きアマテラスを祀る役目を担った斎王《さいおう》（「いつきのみこ」とも）の元祖こそが、トヨスキイリヒメとヤマトヒメです。ですから祭祀やご神事もつないできてくれているのだな〜と感じました。

和合すること、そして何かと何か、誰かと誰かの「かけはし」となる、つなぐ存在は、今、求められているでしょうし、必要なのではないでしょうか。そして、もしかしたら、誰もが、何かしらをつないでいく「かけはし」の存在になることができるのではないかとも思えたんです。

繁栄のない発展

櫻井　ヤマトヒメのお役目は、「皇室の祖、アマテラスの恒久の祭場を定めなさい」といわれて伊勢を発見される。そして「ここがふさわしい」と自分でいうのではなく、アマテラスから「ここは私にふさわしいので、ここに居りたい」とお告げがあり、その神の声を聞けた女性ですよね。

祀る場所を策定しただけではなく、その後も、ヤマトヒメが定めたことが大事な話になってくるわけです。

伊勢神宮は、内宮《ないくう》ご鎮座2千年といわれますが、その場が何のためにあり続けているかということを考えてみましょう。

それは、祭（祀り）の場としてあり続けるわけです。けっして生産の場ではないし、政治の場でもありませんね。そういう点で非常に珍しい。

川村 他に類をみませんね。米、野菜などの神にお供えする御料《ごりょう》の自給自足はされていますが、政治や生産をするわけではなく、ただただアマテラスや神々を祀る。

櫻井 祭祀も、ここにアマテラスを一度お祀りしお鎮まりになられたからそれでいい、ではありません。

日々、朝夕の祭「日別朝夕大御饌祭《ひごとあさゆうおおみけさい》」を一日一日欠かすことなく、それを一年という単位で、時が動く中で、繰り返し繰り返し、お祭りをされてきている。

そして、ここも非常に大事なことですが、祭祀は基本的に同じ行為です。特別に何かをするわけではない。ですから「繁栄のない発展」を、ずっとし続けているわけです。

川村 繁栄のない発展……。

櫻井 ヤマトヒメがアマテラスをお祀りして以来、神宮では、2千年、祭りをし続けています。そこにはいろいろな文化的要素が加えられていたり、或いは、斎王制度など、なくなっていったものもあります。

しかし基本、日々、一日一日を積み重ねて、一年一年の年ごとの神事を繰り返し、常に続けられてきている。

だからこそ、時に、20年に一度、社殿を造りかえ、神宝類を新たに奉る「式年遷宮《しきねんせんぐう》」の祭りは、室町時代などおこなわれないときがあっても、毎年の新穀をお供えして感謝する「神嘗祭《かんなめさい》」がおこなわれているからこそ、中断はしても、復興できているのです。それが「復元力」(レジリエンス)を持つということですね。

川村 困難をしなやかに乗り越えて回復する力、耐久力、弾力、再起力。

櫻井 復元する力や、柔軟な力と訳す場合もありますね。しかも、神宮の持つ文化的な状況というのは、非常に多様であること。この多様性があることを保証しているのも「元に戻れる可逆性」です。繰り返す、繰り返す、繰り返し戻るということでしょう。

川村 この元に戻れる可逆性というのは、ヤマトヒメの残された「元元本本(はじめをはじめとし、もとをもととする)」(第3章参照)の訓《おし》えにつながっていくように思いますね。

元元本本――心に灯りを灯す

川村　これはヤマトヒメが、ご巡幸《じゅんこう》のはじまりに出会った童女のオオウネナ(のちの大物忌《おおものいみ》)へ諭されたこころ。

「黒い(汚い)心を捨てなさい。明るく清らかな心を忘れないように。私意を交えずに大神の御こころを心として、仕えなさい」(櫻井勝之進『神道を学びなおす』を参照)。これは、何でも同じことを繰り返せばいいということではなく、この源にあるもの、本来ある姿、その本来ある姿としてご奉仕をしなさいと、諭されました。

櫻井　では、元《はじめ》とは何か? 本《もと》とは何か?

川村　それは、今の時代であれば、それぞれのはじめ、あなたのはじめと、問い直す、考えるきっかけにしてはどうでしょうか? と、問うことになりますね。

櫻井　はい。別の言葉でいうと「それは本当にあなたらしさですか?」「あなたらしさを勇気づけてくれるものは何ですか?」「あなたらしさを表してくるものは何でしょうか?」と、

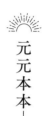

そういうことでしょうね。

川村 それが、その一人一人の内なる光。

櫻井 明るい内なる灯り。心に灯明というか神燈《しんとう》を灯す……。

川村 神燈……神に捧げる灯り。その灯りを心に灯す。そしてこの灯ったあなたの内なる光は、けっして消えるものではない。それこそ、あなたの元、はじめですよと。「元元本本」をそう解釈してみたいですね。

櫻井 神燈が灯るためには、オオウネナに諭したように、「黒い心を捨てなさい」と。心が一瞬でも清らかであれば、内なる光は見えてくるでしょうし。「明るく清い心を忘れないようにしましょう」。そして、もう一つ大切な「大神のみ心を心として私意を交えず仕えよ」。

この「私意を交えず」、つまり自分勝手に歪めて理解したりせず、素直であることが大切ですね。

川村 『倭姫命世記』にもこうあります。

〰〰

冥《みょう》は加《くは》ふるに、正直を以《も》ちて本《もと》と為《な》せり。

〰〰

これは、「目に見えない神は何よりも正直な人を加護する」（櫻井勝之進）ということです。また、神道では「浄明正直《じょうめいせいちょく》」ともいいます。浄き、明るい、正しく、素直なこころ。これも自分の中の光を見つけることにつながる心の在り方のように思います。

櫻井　明るく浄くは、わかりますよね。この正しく直《なお》くというのが、私意を交えない正しいあり方で、直《なお》くあらねばならない。

もし、曲がったら直す。こういう働きが大切なんです。

それを神道の神々の中で「直毘神《なほびのかみ》」［注1］といいます。これは日本人の倫理意識を表現する言葉です。尋常《じんじょう》［注2］でない状態、悪い状態、曲がったことを「禍事《まがごと》」［注3］といいますが、これを、尋常に、元の良い状態に改め直す神。この神が、直してくださるんですよ。

川村　絶対に曲がってはいけないのではなく、人間ですから誰しも間違いや曲がることもありますよね。間違いも失敗もするけれど、そんなときは一度止まって元《はじめ》を感じてみる。

櫻井　立ち止まり、元《はじめ》の自分らしさ、「本当の自分とは何か？」と「もしかしたら、自分は私意により、曲げて理解や解釈をしていないか」「元元本本（はじめをはじめとし、もとをもととする）」を、問いかけの言葉としてみてはどうでしょうか。

川村　そうすることで、直毘神が元《はじめ》の状態に改め直してくださる。それを忘れずにいたいです。

相手を鎮めるには、自らの鎮まりも必要

川村　ヤマトヒメの旅でもっとも難関だったのが、阿佐加《あさか》での荒《すさ》ぶる神との対峙でした。ヤマトヒメは、多くのお供えと祭祀をして鎮めましたが、社会の分断が起きている今、櫻井先生が話された「無境界」での他者性と、どう関わっていくかということの参考になるように思います。

櫻井　ヤマトヒメの物語では、荒ぶる神だから避けようとか。恐怖や不安を感じるから、自分とは関係ない、ではなく、その対象であるこの荒ぶる神の世界がどういうものかを受け入れて向き合う、そういう余裕を持っていましたね。

川村　分離した相手を「自分とは全く違うもの」と、拒否や無視をせず、いったんは、相

［**注1**］**直毘**　日本人の倫理意識を表現する語。尋常でない状態のもの、悪い状態のもの、曲ったこと（禍事）を尋常に、また元の良い状態へ改め直すこと。

［**注2**］**尋常**　特別ではなく普通であること。すなおで、まともであること。立派。上品。潔いこと。

［**注3**］**禍事**　マガは直《なお》の反対で曲がっていること、悪しきこと。神道では絶対的な悪は想定されておらず、曲がった状態、正常でない状態として悪をとらえることを示す概念。（『神道事典』より）

手と向き合い受け入れる、そして間をとって接する。

櫻井　祭祀をおこない鎮めたということで、ここでは、お祭りの持つ役割も説かれています。

川村　鎮めるというと「鎮魂《たましずめ》」という言葉もありますよね。

櫻井　国文学者で歌人の折口信夫《おりくちしのぶ》[注4]は、鎮魂には「魂《たま》ふり」と「魂鎮《たましず》め」の二つがあるといっています。

一つは、ヤマトヒメが荒ぶる神を鎮めた「魂鎮め」。これを私たちは自分のこととして受け止めれば、自分の中の荒ぶる神や怒りに気づく。

川村　まず、自分の中の荒ぶる神を見つける。

櫻井　そして、否定するのではなく、いかにそれを鎮めていくかということになります。相手が怒っている場合でも、相手と向き合っている自分の姿は何か、と、やはり間合いをとって考える。

川村　まずは、自分自身の姿を顧みる。先ほどの、「元元本本」の、自分が曲がったりしたときに、気づいて直す、です。

櫻井　相手の魂を鎮めるということは、自分の魂も鎮めるということでしょうね。祭祀は自分の魂が鎮まっていないと、祭祀はできないでしょう。

一方、「魂ふり」は、魂が活き活きすることが大事です。

川村　躍動ですね。

櫻井　神宮にも、アマテラスの荒御魂《あらみたま》［注5］を祀る「荒祭宮《あらまつりのみや》」がありますよね。荒々しいとは、動きが非常に活発であること。神が荒ぶるから荒祭宮だろうという説もありますが、荒御魂をどう解釈するか……。

私は、海外の方を伊勢神宮の参拝で「荒祭宮」にお連れするときに、考え直すのです。荒ぶる神の「荒」を〝激しく怒りをこめた神〟と訳す人もいますが、そうではなくて「活き活きと活動的な御魂ですよ」と説明しています。

阿佐加というところが、神が激しく御魂を動かしている世界で、対立的要素を生み出し

［注4］**折口信夫（1887〜1953年）**　民俗学者、国文学者、神道学者。歌人としての名は釈迢空《しゃくちょうくう》。神道の宗教的意義、古代信仰のあり方に洞察を加えて独特の説を説いた。「まれびと」「とこよ」の用語を定着させた。歌集『海やまのあひだ』、小説『死者の書』など。

［注5］**荒御魂**　神道の考えで、神や人間の霊魂は、一つの霊と四つの魂により成り立っているとするもの。一つの霊は「直霊《なほび》」で、四つの魂は、「和魂《にぎみたま》」「荒魂《あらみたま》」「幸魂《さきみたま》」「奇魂《くしみたま》」。和魂《にぎみたま》は、霊魂の穏やかな働き。荒魂《あらみたま》は荒ぶるような猛々しい働きをいい、祭祀を受けることで和魂に変化するとされる。また、神霊の威力が現れる状態もさす。幸魂《さきみたま》は、狩猟や漁における獲物（幸）をもたらすとされ、奇魂《くしみたま》は、超自然的な力で、人間に奇瑞《きずい》をもたらすとされ、それぞれに固有の性質や機能があるとする一方、幸魂・奇魂は、和魂の機能という説もある。

ていた。一方で、ヤマトヒメは、どう鎮めていくか。そして武器を取り戦うのではなく、祭祀の場をつくり祭祀をもって鎮めていった。

川村　そのためには、祭祀をおこなうヤマトヒメ自らが静かに鎮まっていなければいけなかった……。なるほど、これは私たちが自分自身と向き合い、〝怒りのケア〟をすることにもつながりますね。

伊勢神宮とＳＤＧｓ

川村　もう一つ、今を生きる私たちは、２０３０年までに「持続可能でよりよい世界を目指す国際目標（ＳＤＧｓ）」の17項目を掲げて取り組んでいます。

ヤマトヒメがアマテラスをお祀りして以来、伊勢神宮は、ご神饌などの自給自足、地産地消、神宮林、祭祀の原型、式年遷宮など、「古の精神と技術を守り伝えながら永遠に連鎖させていくシステム」です。

ＳＤＧｓという言葉がない古《いにしえ》から、ずっとそれを実践してきているように思います。現在も続く、神宮神田での稲づくり、御塩浜《みしおはま》の堅塩《かたしお》の製塩、御園の野菜づくりをはじめ、熨《の》斗《し》あわび、干鯛、土器《かわらけ》、装束《しょうぞく》と……17項目のうち特に12番「つくる責任つかう責任」、14番「海の豊かさを守ろう」、15番「陸の豊かさを守ろう」があてはまっていますよね。

櫻井 〃持続可能な〃というと、先ほどいった神宮の「繁栄なき発展」があるでしょうね。発展というと、何か華やかで右肩あがりの成長ととらえがちです。けれど、持続可能性というのは、同じ営みとして、どう続けるかということ。これほど退屈であり大変なことはありません。それを教えてくれるのが、神宮の「日別朝夕大御饌祭《ひごとあさゆうおおみけさい》」でしょう。

これは、アマテラスのお食事は、外宮《げくう》のご祭神のトヨウケノオオカミ（豊受大神）が調《ととの》えるのが定めとされ、毎朝と夕、神々にお食事をお供えする祭りで、外宮こと「豊受大神宮《とようけだいじんぐう》」ご鎮座から1500年、続けられています。このお供えの基本は、米、塩、水とずっと同じです。日替わりメニューはありません（笑）。

川村 このお供えの米、塩などもヤマトヒメが、お定めになったところが多いです。

櫻井 ご神田としてお米に関しては「ここのお米を使いなさい」とお定めになりましたね。それも、田にはヒルもいない清らかな田だと。ヒルに吸われると血が出ますから、血や汗は、清浄を保つ上では危険だという認識だったのでしょう。それをケガレ（穢）といいますね。

川村 他にも元伊勢の神社も、お米や干鮎、お酒と奉納しているところもあります。

櫻井　自給自足システムだと、神宮林の森もそうです。この森の用途そのものが、遷宮《せんぐう》のご用材であり、聖地の保全に大きな役割を果たしています。

ご用材は、きめの細かい檜を使いますが、育てるのに年数が必要です。ご正殿の扉は、片側の扉だけで500年かかるといわれています。そのために神宮林に植林をされている。

川村　森があるからその雨水が川に流れて海に豊かな養分を出しているのですね。ヤマトヒメから受け継いだものが今にもあり、それを今の時代はSDGsと呼んでいる。

櫻井　私たちの中に、SDGsは知らず知らずに存在しているわけです。この持続可能なことができていることの根本にあるのが、身近な水、川と海との接点の塩。二見《ふたみ》の塩を焼くには山も必要です。水と環境が相互に作用して、守っていることを認識していたいですね。

川村　伊勢は、山と河、海が一つにつながっている神話的世界だと仰っていましたが、伊勢には、その環境が現代でも続いている。

櫻井　確かに行政的に管理分断されていますが、あくまでも人間の支配の考えであり、自然が持っているつながりを人間は止めることはできません。伊勢神宮には、この神話の知恵というのかな、祭祀の知恵が生きているってことでしょうね。

川村　祭祀を営んできたことから伝えられる「知」と、古からの方法を持続可能にしている環境。

櫻井　お米がとれる。水が汲める。塩をつくれる。これはすべて自然の働きに依存しているわけです。自然の大いなる変動が起きてしまうと持続可能ではなくなってしまいますから。そのためには、自然の恵みを、私たちは認識して生きていくことが必要です。

川村　自然の恵みと畏れ、東日本大震災をはじめ地震も多く、台風や豪雨など、私たちは自然の猛威とも生きています。

櫻井　この「畏れ」を忘れてしまっていることが、持続可能ではない世界をつくってしまう。祭祀の知恵を守ることは、けっして伊勢神宮だけではなく、私たちの生きているこの生活世界そのものに必要です。

また、古くて新しく、常に若々しく美しく生きる。それが持続されているという意味の「常若《とこわか》」も、伊勢の神宮の精神性を表す言葉として再生されています。

元伊勢巡礼の提案——ヤマトヒメに出会う旅

川村　ご巡幸先の元伊勢の神社も巡ってきましたが、「ここにアマテラスさんが祀られていた」「ヤマトヒメさんがいらした」と、誇りをもってお祀りされているところも多い。もちろん神職さんが常駐していない神社もありますが、それでも祭祀の場所が残っていました。皆さんにも、ぜひ元伊勢参りをしてみてほしいです。

櫻井 そうですね。元伊勢の巡礼、どこから行ってもいいということは提案したいですね。

川村 気になったところ一社でもいいと思います。

櫻井 はい。そしてその地で、ヤマトヒメが体験された物語を「ここはヤマトヒメが2千年前に訪れたところなのだ」と、ちょっと思い出してもらいたい。その聖地に立ったとき、私たちは時空を超えて同時体験をする可能性があります。これは科学的根拠の問題ではありません。

またあなたがお参りする前に、他の誰かがお参りをしたかもしれない。そういうヤマトヒメに想いを馳せてお参りした人たちとも、その場を、時間を超えて、つながれるということだと思います。

川村 はい。ヤマトヒメは、「ツナグ人」ですからね。

櫻井 「こんなに小さな祠《ほこら》に祀られている」ということもあったと思う。そういう意味では、ヤマトヒメを祀るところも統一化されていなくて、祠などと神社も多様な姿を示している。

アマテラスを祀っていた元伊勢だからといって、全てが神宮とは同じではないことに気づいてもらうのも大事なことです。

川村　はい。地域の神社は小さいところも多いですが、伊勢神宮がつくられる前にアマテラスが祀られていた軌跡や、ヤマトヒメの旅に、こんな物語があったのかと知ってもらえたらいいなと思います。

ヤマトヒメがご巡幸をされた時代というのは、約2千年前で、西洋では、イエス・キリストの巡教よりも少し前で、ほぼ同時代なのですよね。

「倭姫命と基督」をテーマに、昭和30年代に執筆されている方の本を櫻井先生から教えていただき、読んで驚きました（小笠原省三編『伊勢と倭姫宮』の中の一章）。

櫻井　私は、ヤマトヒメは、キリストよりも旧約聖書のモーゼに近い気がするんです。杖を持っており、御杖代と〝杖〟も共通ですし。

川村　そんな風に想像するとおもしろいですね。モーゼがエジプトを脱出した『十戒』との共通項や、またキリストが巡教していた同時代に、日本ではヤマトヒメが、皇女で、女性のリーダーとして、アマテラスを祀りながらチームで巡幸の旅をして、地域の人たちと交流し、そして伊勢の地を見つけ、アマテラスを恒久にお祀りしてくださった。時空を超えて、そんな想像を膨らませてお参りしてみてほしいです。

きっと、ヤマトヒメは、ご巡幸中も、その場の中心にいて、とはいえ、何でもかんでも自分でやるというのではなく、姫という存在があるから、周りのみんながそれぞれの役割や使命を果たしていった。チーム・ヤマトヒメの和合の力があったと思います。

櫻井　ヤマトヒメは、けっして象徴的存在ではなく、自らも考え動き行動していますよね。小さなコミュニティの中で、お供をした人たちが、ヤマトヒメをリーダーとして、大きな使命を担われていて、周りもそのことを全面的に委ねていた。

現代の方が、女性には、役割の一つは担わすという感じで、すべてを委ねるということがなかなかないように感じます。

川村　ヤマトヒメは、けっして役割の一つという存在ではありませんからね。

櫻井　もっと、もっと大事な役目です。

川村　もしかしたら、日本の女性リーダーの元祖かも。キャリアやインフルエンサーでもあったかもしれません（笑）。

今回、お話をしてくださった「倭姫宮御杖代奉賛会」の副会長の村田典子さんも、ヤマトヒメは、お導きの神さまとも仰っていました。

櫻井　伊勢に暮らしていると市内各地にヤマトヒメの物語が残っています。倭姫宮でも、5月、11月のお祭りがあったり、また文書などの記録であったりします。

普段、意識しなければ、自分とはつながりがないように感じるでしょうけど、一度、つながりを感じて触れてみると、気になる存在になってくる。そうした不思議さをヤマトヒメは持っているのでしょうね。

川村 私は常に「物語の力」を信じているのですが、3月のWBC（ワールド・ベースボール・クラシック）で優勝した日本チームの栗山英樹監督が、よく「物語性」と話されていて、「野球の神さまが……」と、神仏をはじめ見えない世界とのつながりをとても大事にされているように感じました。多くの方がこのWBCの「物語」に涙し心震えたと思います。

ヤマトヒメの「物語の力」も、豊かな物語性を、人生や考え方に取り込むことで、生きる力や、人の心に触れることができると思うのです。

櫻井 それは同時に「記憶の力」でもありますね。たとえば地名にしても、物語の由来も含んでいるでしょう。

川村 ヤマトヒメだと、嬉しいと喜んだから「嬉野《うれしの》」となったとか。

櫻井 『旧約聖書』もそうです。あの地域は、昔、神がこういったからと地名になっています。

今回、川村さんと一緒に行った「和井野」も、音で聞くと「わいの?」となりますが、私たちの中には、ヤマトヒメが侘しくたたずんだという物語がしっかりインプットされていく。こういう「記憶性」もあるわけです。それを地域の方が伝承されて、守っていってくれている力とつながっているわけです。

川村　まさに。物語を感じて、実際にその地に立って、さらに細胞にインプットされていく感覚があります。

また私は、地域の方が誇りを持って伝承を守ろうとされている、その姿にも、強く感動するんです。守ろうとするだけでなく、先祖から受け継ぎ次の世代へと、命の循環として守られていることにも心揺さぶられます。

物語性と記録性。そこから何を感じるか、どう生きるヒントにできるか。ぜひ、その場で感じたことを大切にしてほしいです。

櫻井　そして、それを「語り合う」ことも大事でしょう。

川村　語り合う。シェアし合う。

櫻井　はい。語り合いの場が今は必要ですよね。

川村　語り合いの場には、心の共有がありますからね。

櫻井　そう、ヤマトヒメの世界や物語に接することで、あなたの中にあるヤマトヒメの何かがほのかに光りだし、そして周りの誰かが、タヂカラオとして、あなたが立ち上がろうとすると、岩戸を開いてくれる人がいるはずです。

川村　ヤマトヒメを通して、自身の内なる光を見出して、そして新たな関係性や創造、つながりをつくりだしていく。

櫻井　心に灯った神燈を消してはいけませんよ、と。原点は、常に若々しく、みずみずしくある「常若」のエネルギーを、ヤマトヒメを通して発揮していきましょう。

エピローグ　川村一代

櫻井治男先生との最後の対話を終えた後、私は伊勢市の二見町《ふたみちょう》へ足を延ばしました。「旅荘　海の蝶」に宿泊し、日の出と共に敷地内のビーチへと向かいました。

朝の光が、池の浦湾の水面に水鏡のように映っています。ここはヤマトヒメが、アマテラスを五十鈴川《いすずがわ》の川上にお祀りしたあと、御贄《みにえ》（神さまにお供えするご神饌）を探しに志摩国へと足を延ばしたときに定められた神社で、地元の海岸守護の神を祀る「粟皇子神社《あわみこ》」です。境内の前は遠浅の池の浦湾、そして境内の背後は白砂青松の海岸で、伊勢湾に浮かぶ飛島《とびしま》も見える絶景です。

ご神前で手を合わせてお参りしていると、潮の香りと共に波音も聞こえてきて、体や脳内を、そして心の邪念を洗い流してくれるようです。

「無事に元伊勢のご巡幸《じゅんこう》地巡りを終えました。ヤマトヒメさま。この美しいお宮にお招きありがとうございます」

「元伊勢」巡りの旅を終えた私は、次にヤマトヒメの伝承地巡りをはじめていました。

この「粟皇子神社」もその一社で、ホテルの敷地内のプライベートビーチの隣にご鎮座し神宮125社の中で、いちばん海の近くにあるお宮だそうで、どうしてもお参りしてみたかったのです。

夫婦岩で有名な二見浦のある伊勢市二見町には、ヤマトヒメの伝承地のお宮がいくつもあります。そもそも二見の名前の由来も、『倭姫命世記』によると「二度もご覧になる二見の国」と、ヤマトヒメに由来するといわれます。

神宮でお供えされる堅塩《かたしお》。ヤマトヒメに奉ったサミツヒメ（佐見都日女命）を祀るのは二見駅近くの住宅街にご鎮座する「堅田《かただ》神社」。

五穀豊穣の三柱を祀る土地の神を祀る「江《え》神社」も住宅街を抜けて山の麓に鎮座します。

「神前《こうざき》神社」は、神前岬の山の上にご鎮座し、林の中の登り口からはじまる石段260段の山道の参道を上らなければなりません。神宮の中でも難所といわれますが、登りきった頂のお宮のご神域、厳かな静けさを感じられます。こちらは、海岸を守護する地元の神さまです。

熨斗《のし》あわびの起源となった鳥羽市の国崎……、伊雑宮《いぞうぐう》にも……と、私のヤマトヒメの伝承地巡りは、まだまだ続いています。

なぜ、これほどヤマトヒメに心惹かれるのだろう。

そう自問してみると、櫻井治男先生が指摘された「カミヒト」的な存在であることと、ヤマトヒメの物語性にあるように感じました。

「カミヒト」、カミとして祀られて崇敬する存在でありながら、皇室の祖先のアマテラスに仕えて祭祀をおこない、永久に鎮まる聖地を探し出す旅を、身命を賭して果たしていくヒトとしての姿……その在り方。

私は神話や物語の力が、人々の心の無意識層の深いところを動かし、鼓舞し癒し、そして成長させてくれると信じているのですが、ヤマトヒメのご巡幸は、まさしく旅の成長物語であることに心動かされたのです。

ご巡幸は、未知の「境界線」を超えていく連続で、行く先々での「出会い」が、旅を豊かに彩っている気がします。

「境界」を超えて訪れた土地で、神祭りをおこない、神田で稲穂を育てながら、人々と交流し、そして実り収獲した新米や、その地域の特産品を、アマテラスに奉りお祀りをする。そこでの歳月は、未知の土地から馴染みの人や仲間もいる土地へと変容していきます。

ときに、訪れた土地が豊かではないこともあり、そんなときヤマトヒメは、故郷の大和国からよい稲穂の種を取り寄せて、稲の育て方も伝授したといわれます。

一方、ヤマトヒメ一行を受け入れた側にしても、アマテラスを祀る皇女のヤマトヒメは、カミ的存在であり、ヒトとしても大切な存在になっていったのではないでしょうか。

やがて次の巡幸地へとヤマトヒメ一行が旅立っても、別れを惜しみながら、その土地の人々の記憶に刻まれて、アマテラスのお祀りを続けていった……その証が「元伊勢」の神社や、ヤマトヒメが腰かけたとされる石や、喉を潤した清水などの伝承、そして鮎やあわびをはじめ、神宮へのお供えとして今に受け継がれています。

しかし、成長物語には、チャレンジや苦難を乗り越えるための試練も必ず訪れます。ヤマトヒメの物語の山場は、なんといっても、荒《すさ》ぶる神と対峙するところです。

荒ぶる神にさまざまな贈り物をして、そのものを認め受け入れ、和み平らかになるよう祈る……これは、実は「戦う」よりもハードルが高く困難なことではないでしょうか。そのためには、自分の中の恐れとも向き合わねばなりません。対する相手への感情をしっかり認めたうえで相手のために祈り祭祀をとりおこなう……まさしく、自分自身との〝戦い〟なのではないでしょうか。

プレッシャーの中で難関を乗り越えたときのヤマトヒメの「嬉し！」という愛らしさ。ここにヤマトヒメの魅力を感じるのです。

私たちの人生に置き換えてみたりもします。勇気を出し境界線を越えてチャレンジしてこそ、新たな出会いが待ち受けている……そう感じさせてくれる。こうしたことから、ヤマトヒメの伝承や物語は、2千年という時空を超えて、今の私たちに通じるものが多くある気がします。

ところが、とても残念なことに、現代では、ヤマトヒメの存在すら知らない人が多いです。とはいえ、長い歴史の中では、不思議なことに時代を超えて、ポツンポツンと、ヤマトヒメに魅せらせて崇敬する人が登場しているようです。

『倭姫命世記』の研究をされた先人たちもそうです。江戸時代の旅のガイドブック『伊勢《いせ》参宮名所図會《さんぐうめいしょずえ》』にも、ヤマトヒメの名前が出てきます。そして、100年前に「倭姫宮《やまとひめのみや》」ご創建に向けて尽力された方々もいらっしゃいます。時代を超えて、ヤマトヒメの偉大なる功績を知り、崇敬の心を持つ人はいらしたのです。私も、その一人なのでしょう。

この一冊は、ヤマトヒメに魅せられた私からのファンレターかもしれません(笑)。いえ、カミであるヤマトヒメに奉る〝ご神饌〟なのかも。

櫻井先生と対話を重ねていくうちに、ご創建100年の記念年、ヤマトヒメさまは、今、岩戸を開かれているのではないかと感じました。ヤマトヒメのツナグ、和合の力、かけはしとなる役割、そして心に灯る光の温かさが私たちに届くようにと……。

この本を手に、元伊勢や伝承地へのお参りをして、ヤマトヒメに出会ってもらえる方がいたら、本当に幸せです。

ヤマトヒメと出会い、ツナガリをもたれ、心に光が灯ったら、その神燈《しんとう》の火で、また誰かとツナガっていく……。

そして私も〝見ぬ世の友〟の皆さまに、その光を手渡せれば嬉しいです。

やがていつの日か、次の世代の誰かが、ヤマトヒメの物語に魅了されて、インスパイアされて漫画やアニメにしてくれるかもしれない。

他の誰かは、英語、中国語など、海外に翻訳してくれて、2千年前、キリストと同時代に生きた皇女のご巡幸の物語が、世界にはばたくかもしれません……。

きっと、時空を超えてバトンを受けた誰かが、ヤマトヒメのことを多くの方に届けてくれる、そんなことを楽しみにしています。

私が〝見ぬ世の友〟の100年前のご創建に尽力された方々の想いや、ご巡幸地に受け継がれる崇敬心とつながったように……。

そしてもう一つ、ヤマトヒメからは、常に、アマテラスオオミカミのために、周りのものたちのために、自分を助けてくれた人、出会った多くの人のために、大切な誰かのために、次の世代の人のためにと、心をこめて尽くされている姿が伝わってきます。

叔母、トヨスキイリヒメから御杖代《みつえしろ》、斎王《さいおう》（いつきのみこ）のお役目を器から器へと受け継がれたように、ご自身も、姪っ子である、第12代景行《けいこう》天皇の五百野《いほの》皇女へ器から器へと継承するために尽力されました。

旅の同行者のオオワクゴは、オオハタヌシとして櫛田神社に祀られるようにとヤマトヒメがお指図をされたとか。けっして自分が犠牲になるとかではなく、どこか喜んで周りのもののために尽くしていらっしゃる……そんな気がするのです。

櫻井先生は、「大祓詞《おおはらへのことば》」を声に出して奏上することで、内なる心が清められて鎮まっていくのではないかと、語ってくださいました。ぜひ、「大祓」を声に出して奏上なさってください。ただ「長い、難しい」と、思われる方もいるかもしれません（笑）。

「祓の法」もヤマトヒメが定めたとされます。「祓」で奏上する「祓詞《はらへことば》」などを簡略化した「略拝詞《りゃくはいし》」ですと、短いですから、唱えやすいかもしれません。

祓へ給え　清め給え　守り給え　幸《さきは》へ給え

この言霊で、内なる心を清め鎮め、ヤマトヒメとつながってもらえると幸いです。

ヤマトヒメさまの定めたお宮で、海に上る朝日を眺め、波音の調べを聞きながら。

解説・倭姫命——研究者の視点から

櫻井治男

「降臨」する神・「巡幸」する神

「倭姫命を綴った本を一緒にまとめませんか」と川村一代さんから手紙を受け取ったとき、まず目に浮かんだのは、大学への通勤路に鎮まる倭姫宮《やまとひめのみや》の参道入り口で、鳥居に深々と一礼し森の奥へ消えて行く女性たちの姿でした。時折見かける光景ですが、伊勢神宮2千年の歴史からすればわずか100年前に創建された新しいお宮でありながら、コアなファンも多いと聞いています。

125の宮社から構成されている伊勢神宮の中で、最も新しく、しかも歴史上の人物を神として祀るという点で最初の例となるこのお宮へお参りするごとに、ヤマトヒメの何がそういった熱烈なファンを生み出し、川村さんの「綴りたいパワー」を生み出したのだろうと思わないわけにはまいりません。

ヤマトヒメは、奈良時代の『日本書紀』『古事記』に登場します。ただし、その記事内容からだけでは歴史上の一コマ、いささか伝説的な出来事のようにしか見えません。平安時代になると、神宮独自の『皇太神宮儀式帳《こうたいじんぐうぎしきちょう》』という史料には、ヤマトヒメが大和を出て伊勢へ到着するまでと、伊勢到着後の神宮祭祀の重要事項を定められたという記事に詳しさが見られます。それでも、『儀式帳』は優等生のレポートを読んでいるようで、ダイナミックさはあまり感じられません。

ところが、鎌倉時代中ごろに、外宮《げくう》神官の間で制作されたと見られている『倭姫命世記』では、ヤマトヒメがアマテラスを伊勢の大神宮にお祀りされる軌跡の物語性がとても豊かになり、場面により時空を飛び越えたように語られています。そのため、史実にそぐわないとして本書が脇に置かれる場合もあります。

しかしながら、私たちは、これを、ヤマトヒメを主人公とした物語テキストとして向き合い、そこに描かれている軌跡、いってみれば「倭姫ワールド」の意味を知ることの楽しみを重視し、読み解きをはじめました。

この軌跡はアマテラスの立場にたつと最終の鎮まり処へ到着するまでは、仮宮から仮宮への神の「遷幸《せんこう》」（神をお遷しすること）となり、ヤマトヒメにとっては宮地を探し放浪する皇女の「巡幸《じゅんこう》」［注1］となりましょう。アマテラスの「御杖代《みつえしろ》」として、大神と一体となり歩んでいるヤマトヒメを、どのように現代へ映し出せばいいのかは、伊勢神宮のことのみならず日本人の宗教観を理解する上でも興味深いテーマと思います。

かつて、日本の宗教学をリードされたお一人である堀一郎氏（1910～1974年、柳田國男の女婿）は、『遊幸《ゆうこう》思想』という著書の中で、ヤマトヒメの行動を「倭姫命巡遊」として取り上げ、また「御杖代」とは何かについて鋭い考察をなさっています。堀氏は、日本の宗教伝統に見られる信仰現象の特色として、「言霊」の霊力、俳優演技の呪力と共に、「降臨」する神と水平移動する「遊幸」神の観念と、それを奉斎《ほうさい》する集団の存在を指摘されました。

また、「御杖代」とは、神霊が憑《よ》りつく杖に象徴される「ヒトガミ的な巫女」、すなわち時には神としてふるまい、神の言葉を一人称で託宣する力や機能を本来的に持つ存在と説明されました（『瑞垣』19号）。

日本神話によれば、アマテラスは高天原《たかまがはら》の主宰神であり、その子孫が大神を表象する鏡と共に地上へ降り立ったという点では「降臨神」となります。ところが、その神の恒久の

［注1］巡幸　天皇が各地を巡ること。この場合は、天皇の代わりとして皇女がアマテラスを祀り巡ること。

祭場を求めてヤマトヒメと共に国内を移動されている場合は水平移動の「遊幸神」となり、特徴ある「信仰現象」を現わしています。そして「ヒトガミ的な巫女」というヤマトヒメの性格は何なのかと思うと、イメージを想定するだけではなく、もう少し実態のある存在として把握できないだろうかと考えてみたくなるところです。

そこで、ここでは、ヤマトヒメのことや『倭姫命世記』よりいくつかのトピックスを取り上げ、川村さんとの対話で気になった話題を、私なりに宗教学的な視点も交え述べてみたいと思います。

カミヒトは昔からいた！　御杖代は古代のトウヤの姿？

1章で語った「カミヒト」とは何でしょうか。それを紹介してみましょう。

7年目ごとにおこなわれる「御柱祭《おんばしら》」で有名な諏訪大社《すわたいしゃ》（長野県）の上社《かみしゃ》には、大祝《おおほうり》と呼ばれる、半分はカミで半分はヒトという祭祀者がいたと、中世（南北朝）の記録に記されています。諏訪の神が衣を脱ぎ8歳の童男に着せ、「我において体なし、祝を以て体とす」との神勅《しんちょく》［注2］があった（『諏訪大明神絵詞』）という由来をもっています。明治初年の神社改革による社家《しゃけ》［注3］の廃止まで、大祝の制度は続いていました。

また、瀬戸内海の村上水軍で知られる大三島《おおみしま》（愛媛県）に鎮座する「大山祇神社《おおやまつみ》」では、14世紀ごろの作成と伝わる祭礼記録に、大祝（最高位の神職）を「神体」に擬すとあり、半分カミで半分はヒトであるという「カミヒト」というとらえ方をされていました。この半分半分というのは、半人半馬のケンタウロスのような身体性ではなく、性質を表わしており、1章でも述べたように「御杖代」も、アマテラスに奉仕するときは人として、人々の前では大神を背負いカミそのものとして向き合う「カミヒト」の存在ということです。

カミが憑依して人格が変容し神になったというのではなく、同時に2つの性質をあわせ持つ存在として認識されていたといえないでしょうか。神社の神主さんがそうです。ご祭神の神さまに向かうときは奉仕者であり、氏子に向かうときは神を背負い、祭祀をとりおこなう。かつてお教えをうけた宗教学者の原田敏明先生が論じられた（『村の祭と聖なるもの』）、この観点で考えたいと思いました。

現代の神職は「仲執《なかと》り持ち」といわれますが、これは神と人、あるいは古代の祭祀を司っ

［注2］神勅　神のみことのり、おつげの意。神言。（『神道事典』より）
［注3］社家　代々特定の神社の神職を世襲する家柄。（『神道事典』より）

た豪族の中臣氏《なかとみうじ》の場合は、天皇と神との仲を取り持ちます。でも「御杖代」は、むしろ性質がもう一段古いというか、根源的な、自身（ヤマトヒメ）もカミそのものでもある、そうとらえたいところがあります。

また、こうしたカミヒト制が、実は結構ありました。民俗行事の「トウヤ祭祀」。当屋、頭屋、祷家などと漢字があてられていますが、地域コミュニティで祭祀者の役目を持った人。それも基本的には皆が毎年順番に交代して神事当番を務めますから、「当屋」の意味が近いでしょう。

トウヤ祭祀の基本形は、トウヤが自宅に神霊を奉斎する祭壇を設け、日々お供え物をし、年に一度の「祭り」には、神霊を村の広場にお持ちして、村人が集まり、座をしつらえて飲食やトウヤ交代の儀式をおこなっていました。村の氏神さんである神社はそうした公共の広場という性格を帯びています。

島根県松江市の「美保《みほ》神社」の頭人《とうにん》制が有名です。

これは、3年間の物忌《ものい》み期間を重ね、3年目にそのトウヤが「一年神主」となります。神主となった期間は、精進潔斎《しょうじんけっさい》［注4］をし、家族と食事も料理も別にして、しめ縄を張った部屋の神棚の下で専用の膳、箸で食事をして、年間の神事をおこないます。毎夜、海へ入り禊《みそぎ》をして、一年の役目が終わると、次の人がその役目を担います。ですから、神さまにご奉仕しているようですが、その1年間は、地域にとっては、その頭人さんがカミ的な存在となります。

三重県熊野市の二木島《にぎしま》というところのトウヤは、かつて半年ごとに交代していましたが、髭を剃ってはならず髪の毛も伸び放題で、道で出会うと「神さんが来た」といって脇へよける習慣があったと聞いています。

近畿地方には、伝統的な村の祭りの仕方の中に、「トウヤ」の制度は結構多くあります。このトウヤの姿を考えていくと、カミ的とヒト的と、両方をもった存在だと思います。

近代に入り、神社の祭祀には、専門の神職が登場してくることで、トウヤは徐々に本来の役目を失っていき、今では、神社の掃除や祭典のお手伝いなど、神職の補佐的な役割になっている場合が多いです。

［**注4**］**精進潔斎**　祭祀者が祭祀に先立ち、穢れに触れることを避けたり、祭祀者としての資格を完成するために心身を清浄にすること（『神道事典』より）。肉や酒を断ち心身を清める。

「両」と「雨」とで大違い？　テキストをめぐる問題

今回、『倭姫命世記』を読み進める上で、先人たちが研究された注釈書や現代語訳を参照し中身を確認していきました。まず、テキスト（本文）をどれにしようかとか、参考書はどれが読みやすいだろうかと探し、さらにはヤマトヒメの巡幸地を訪れた案内書や解説書にもお世話になりました（巻末の参考文献参照）。テキスト選択のことを考えましたのは、『倭姫命世記』の原本の所在は不明で、人の手で書き写す、写本の形で伝わってきたことが関係します。

多くの写本を活字にして読みやすく、皆が読めるようにされる場合は、原本に近づけるため、写本の過程で発生する写し誤りなど、文字の異動を検討し、あれこれ内容を判断して結論をえた研究の成果が取り込まれています。もちろん活字化されたテキスト間で、ヤマトヒメの巡幸に関する部分が大きく違うということではありませんが、活字本にはそれぞれ特徴があり、先人の深い考察が反映されています。

ただし、活字本でも気軽に読めるという代物ではありませんから、『倭姫命世記』の「原文」を通しで読む場合も、便利なテキストのお世話になりました。それは、『大神宮叢書《だいじんぐうそうしょ》』

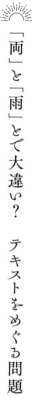

に収められている『倭姫命世記』を書き下したテキストで、倭姫宮御杖代奉賛会が編集された冊子資料です。

残念ながらこのテキストは省略された部分もありますから、『大神宮叢書』所収本を基本として、『日本思想大系』所収本、さらに比較的最近の神宮研究の専門家が校訂された『神道大系』所収本を手元に置き、必要に応じて参照しました。また、和田嘉寿男氏『倭姫命世記注釈』や中村幸弘氏『「倭姫命世記」研究――付訓と読解――』が専門的な注釈書として出されており助かりました。ただし、こうした先行研究をしっかり消化できていない場合も多く、失礼はお許しいただきたいところです。

あれこれテキスト類や先行研究を探ったといえば、面倒なことをしたんだなと思われるかもしれませんが、たとえばヤマトヒメが、二見の浜、夫婦岩で知られる「二見《ふたみ》興玉《おきたま》神社」（伊勢市）あたりの海辺にやって来たとき、オオワクゴ（大若子命）に国（土地）の名前を尋ねたところ、「速両二見国《ハヤフタタビミタマウクニ》」と答えたというシーンがあります。

「すぐさま二度ご覧になった国」の意味でしょうが、この「両」という文字が、写本によっては「雨」と書かれています。二つの文字は「くずし字」ではとても似通っていて、神道大系本では「雨」の文字が採択されています。そうしますと、「速雨二見国《ハヤサメフタミノクニ》」となり、「勢いよく雨が降る二見」というように、地名にかかる枕詞となって、ヤマトヒメが二回見たから二見という地名語源説に揺らぎが生じます。

私たちは、どちらが正しいかという議論に深入りすることを目的としていませんので、むしろ、二見の由来がヤマトヒメと深く結びついていること、「振り返って二度見たくなる素晴らしい場所」というイメージが抱かれている風光明媚な光景や、時には「激しい雨が降り注ぐ浜辺」という風土性に感情を移して二見を楽しむことも、大切な読みではないかとしてきました。

『倭姫命世記』を大切に研究した先人たち

ところで、『倭姫命世記』は江戸時代に研究が大きく進みます。文字がずらずらと連なっていたテキストに段落がつけられ読みやすくなりました。現在の活字本もそれを発展させた和田嘉寿男氏の『倭姫命世記注釈』は50段に区分されています。

研究の中には、江戸時代、尾張国の「東照宮」の祠官《しかん》である吉見幸和（1673〜1761年）によって、古い書物ではなく、後世の偽書だとする考証も登場します。

偽書だとされる理由には、『倭姫命世記』の写本の終りに本書の名称が「太神宮本記下」

と記されており、『太神宮本記《だいじんぐうほんき》』という神宮の古い記録の下巻であると示されていること、また天武天皇の時代の作とあるが、それより後の時代の『日本書紀』や『古語拾遺』などが引用されており、古い書物と認めるにはあちらこちらが疑わしいということです。

そうした中、江戸時代末期に、伊勢神宮の外宮の神職をしていた御巫清直《みかなぎきよなお》（1812〜1894年）という方が、『太神宮本記帰正鈔《きせいしょう》』という研究書を執筆し、古典や神宮の古い記録、文献などの豊富な知識に基づき、『倭姫命世記』を正しく明らかにしていこうとしました。

清直さんは『倭姫命世記』の本来の姿は『太神宮本記』であり、それを復元するのだという強い意志を貫かれています。この点はまだまだ研究の余地のあるところです。幸い、『太神宮本記帰正鈔』は活字化されていますから、各地の図書館で読むことができます（神宮司庁編『大神宮叢書　神宮神事考証　前篇』、国立国会図書館デジタルコレクションでWeb上の閲覧可能）。

ところで、清直さんは、幕末には神宮の「神嘗祭《かんなめさい》」の古儀の復興にも尽力された方です。明治維新後に、いったんは神宮から身を引かれ、帰農されますが、学者として神宮の考証など学問的に大きく寄与されます。

ヤマトヒメにゆかりの地名の由来などについても、資料をあげて詳しく丹念に考察されているので、清直さんの考証を読むことで新たに見えてくるものもありましたが、分量も多く丁寧な考証なので、読むのには時間がかかります。

また現在、私たちは、「斎王群行《さいおうぐんこう》」［注5］の図をカラーで目にすることができますが、これも明治時代に「斎王群行」を絵画に復元するとき、清直さんが考証をして絵を描かせたのです。

もうお一方をあげておきますと、古代史、神宮研究の一環として、ヤマトヒメの故地、元伊勢伝承地を神宮の神職さんと、何日もかけて現地調査されたのが田中卓《たかし》博士［注6］で、『皇大神遷幸の伝承地について』をまとめられています（『田中卓著作集4　伊勢神宮の創祀と発展』所収）。『皇太神宮儀式帳』に記述されている巡幸地を基本としてまわられました。調査内容や考察の重厚さと共に、今ならば車で容易に回れますが、昭和30年代当時の交通事情の不便さの中でのルート選び、地域の人々や神職の方々の口碑伝承など、時代をうかがうドキュメントとしても興味深く読めます。

こうした先人方の考証研究・歴史研究に学びながら、私たちは『倭姫命世記』を「語り物」という点で関心を高めて読み解いていきました。

御巫清直からの考察

――地口御田とは？　最上の御田の献納と農への志し

その例をあげてみましょう。『倭姫命世記』には、ヤマトヒメのご巡幸の先々に次のような記述がみられます。

（崇神天皇）六十六年、（伊賀国）穴穂宮《あなほのみや》に遷幸《みゆき》し、四年を積み斎《いつ》きまつる。その時、伊賀国造《くにのみやつこ》、篦山《みふぢ》・葛山《くろかつら》の戸《へ》並びに地口御田、細鱗魚《あゆ》取淵《とるふち》・梁作瀬《やなさすせ》等《ども》を進《たてまつ》りき。朝御気《あしたのみけ》夕御気《ゆふべのみけ》に供え進る。

（垂仁天皇）八年、（淡海国）坂田宮《さかたのみや》に遷幸して、二年斎きまつりき。時に坂田君等地口御田を進りき。

［注5］斎王群行　アマテラスに仕える斎王となった皇女が都から伊勢の斎宮《いつきのみや》へと向かう行事。神宮の神嘗祭に合わせて、9月に5泊6日で伊勢へと向かった。（「斎宮歴史博物館」サイトより）

［注6］田中卓（1923〜2018年）　古代史家、元皇學館大学長。

この「地口御田を進りき」の記述が、巡幸先で多く出てきます。すでにトヨスキイリヒメが紀国《きのくに》（和歌山県）の奈久佐濱宮《なぐさのはまのみや》へアマテラスをお連れしたときにも「地口御田」を奉った記事はありますが、伊賀の穴穂宮《あなほのみや》では、「細鱗魚」すなわち鮎をとる深い淵や、梁《やな》を仕かける瀬もあわせて奉納されていますので、美味しそうな雰囲気が漂ってきます。

では、「地口御田」とはどのような意味なのでしょうか。御田は田んぼのことだとわかりますが、「地口」とは何で、どのように読めばいいのでしょうか。

そこで、清直さんの『太神宮本記帰正鈔』の「地口御田」の解説をみてみました。清直さんは、まず先人の二つの説を取り上げ検討し、三つめは自説をあげています。それによると「地口」とは、

（1）「口とは、ものの最初、あるいは、第一、トップの意味」であり、その土地のいちばん良い田のことで、チクチ（ジグチ）とよむ。

（2）「ヤマトヒメが訪れ、その土地を去り、次の鎮座地へ入る道筋の入り口で祈る祭祀料のための御田」で、これもチクチ（ジグチ）とよみ、口は入り口の意味である。そして、

（3）「地口が田地のことであれば、これはトコロとよんだ方がいい。口は耕作地の最初の入り口、そこに入るはじめの口。そのところの最初という意味」であり、トコロノクチである。

と主張します。

すなわち、その地域の人々が田んぼを耕す場合、多くの田の中でも、山奥の大変なところではなく、いちばん耕作に便利な村の入り口、人家に近い良い田、土地であろうと。ですから、ヤマトヒメがその地においでになったときに地口御田を差し出したというのは、アマテラスに、自分たちのいちばん大事な田を献上し、神宮の地とされたのだろうと説かれます。

こうした考察を述べる上で清直さんは、他の史料を諸々あたり、根拠を示します。「耕作に便利な村の入り口」という点について、『日本書紀』に「大化二年　公地公民で、農民に田をあげるときには、必ず家に近きをあげよ」とあるように、「住まいに近い場所を尊ぶ。だから愛しい田になる」と、自説の論拠としています。それを受けて、私たちはヤマトヒメに対して、地域の人々が敬神の心で奉ったであろう、と深読みを楽しんだわけですね。

いずれの説共に興味深いところですが、こうした考察と説明の背景には、後年、清直さんが一時期、帰農され田地を耕す生活を慈しまれた心情と重なり合ってくるように思いました。

御船と御船代

（垂仁天皇十年）時に美濃国造《みののくにのみやつこ》等《ら》、舎人《とねり》、市主《いちぬし》また地口御田を進りき。並びに御船一隻進りき。同じき美濃県主《みののあがたぬし》、角鏑《つのかぶら》の作る御船二隻を進りき。捧ぐる船は、天之曾己立《あめのそこだち》、抱《うだ》く船は、天之御都張《あめのみとはり》と白《まお》して進りき。

『倭姫命世記』より

「御船《みふね》」という言葉も何度も登場しますので注目してみました。

ヤマトヒメは川や海の水路を進まれましたから、船が移動手段であるのは当然なのですが、同じく御巫清直の『太神宮本記帰正鈔』に「御船」を「皇大神乗御ノ料」とか、「御船」を「捧ぐ」という表現は、進上する、すなわち奉納の意味ではなく「両手で承け捧げる」の意味なのだとの指摘も重要だと思いました。

フネといえば現在は、人が川や海を渡る船のことと思われましょう。この美濃国と隣接する尾張国西部は、長良川や木曽川、揖斐川《いびがわ》といった大河があり、流路の変遷や氾濫の多い地域で、集落や耕地の周りを堤防で囲む輪中《わじゅう》と呼ばれる設えも施されてきました。洪水などに備えて船は生活の必需品でもありました。

また湿地帯の深い泥田では、刈り取った稲をのせて運搬するために「田舟」と呼ばれる小さな舟もあります。

この「御船」という言葉が、初めて出てきたのも、ここ「伊久良河宮《いくらかわのみや》」でした。これは、神さまがお入りになるフネと呼ばれる器の意味ではないだろうか。清直さんが「皇大神乗御ノ料」とシンプルに説明されたことは重要なヒントのように思われます。

伊勢神宮では、アマテラスの御神体でいらっしゃる御鏡（八咫鏡《やたのかがみ》）は「御樋代《みひしろ》」に収まっているといいます。これを納めるより大きな器が「御船代《みふなしろ》」です。

20年に一度、社殿を新しく造りかえる「式年遷宮《しきねんせんぐう》」では、最初に、ご用材を伐りだす御《み》杣山《そまやま》の口の神に、伐採と作業の安全を祈る「山口祭《やまぐちさい》」がおこなわれます。次にご正殿の床下に奉建する心御柱《しんのみはしら》のご用材を伐採するにあたり、その木の本に座す神を祀る「木本祭《このもとさい》」がおこなわれます。

そして、ご神体をお納めする御器「御樋代」のための檜を伐採する「御杣始祭《みそまはじめさい》」。

それから、この「御樋代」をお納めする「御船代」のご用材を伐採するにあたり「御船《みふな》代祭《しろさい》」が、内宮《ないくう》と外宮《げくう》の祭場でおこなわれます。

伊勢の地元では、この御樋代木《みひしろぎ》のことを「お斎《いわい》（祝）木」と呼んでいますが、いずれにしましても、神さまがお鎮まりなる器は、特別な取り扱いがなされ、地元の人々もその神聖性を感じて、遷宮のお木曳《きひき》行事として奉曳《ほうえい》を奉仕しているのです。

御樋代・御船代は、毎回の遷宮ごとに新調されて新宮の御正殿内に安置され、遷御《せんぎょ》［注7］の夜には禰宜《ねぎ》さんたちが、いったん仮御船代で担ぎ捧持し、神さまを旧殿から新殿へ遷されます。

そうすると、「御船二隻を捧げ持ちて」とか「抱く船」の意味も推測できるようです。いわゆる川に浮かぶような船を二隻捧げ持つことは不可能ですが、両手で大切に御船代を捧げ持ち奉る、と理解すれば、けっして人の乗る大きな船でなくていいわけです。

また「天之曾己立」と「天之御都張」ですが、アメノソコダチは、「天の底の極み」との意味と解する意見もあるようですが、船の堅固さを表現しているとの説に惹かれます。アメノソコタチノミコト（天底立尊）という神さまがいらっしゃいますが、揺るぎないしっかりした神の乗り物を褒めている表現ではないだろうかと。

一方の「天之御都張」は意味が不明のようです。ここの「御都張」をミトバリ、すなわち神さまや貴人の御座所を隠す帳・幌、と解釈すると、フネ＝ソコタチ＝ミトバリの各言葉がつながり、あたかも御殿内の「神座《しんざ》」の設えを暗示しているような印象を持ちました。

古代には、箱、入れ物、器のこともフネといっていました。いまでもバスタブを「湯船」といいますよね。ですから、『倭姫命世記』に登場する御船も、移動手段の船もあれば、アマテラスのお入りになる「御船代」のことを指していることがあるのではないでしょうか。「伊久良河宮」の比定地の一つとされる天神神社（岐阜県瑞穂市居倉）の「御船代石」も大神のご神体を安置された「御船代」としての霊石といえましょうか。

［**注7**］**遷御**　20年に一度、8年の歳月を費やして、社殿、神さまに捧げる調度品などすべてを新しくする神宮最大のお祭り「式年遷宮」。ご用材に関するお祭りからはじまり、そのご用材を神領民の伊勢市民と全国の崇敬者が参加する「お木曳行事」にて、内宮と外宮に運ばれる。そして、新しい御敷地に社殿が造営されていき、社殿が完成すると、今度は、大神を新殿にお遷りいただくお祭が続いていく。「遷御の儀」は、式年遷宮のクライマックスともされ、浄闇の中、本殿から新殿へお遷りいただく祭り。無事にお遷りされたあとも祭りは続き、天皇が特別に遣わされた宮内庁の楽師が御神楽を奉納する「御神楽」が式年遷宮の最期を飾る。（神宮司庁編『図解　伊勢神宮』より）

神宮の塩づくり

4章で、ヤマトヒメが二見浦を訪れ、堅塩《かたしお》を献上されたことから、神宮の堅塩づくりが定められたとの伝承を紹介しました。

そのとき「現在は、伊勢市内を流れる五十鈴川《いすずがわ》の河口に御塩浜があり」といいましたが、実は理由があります。

『神宮要綱』によると、こうあります。

明治四年の上地と共に、御塩調進のことも亦一時中絶し、普通塩を購入再製して御料に供したり。

同十年十一月二見町大字西に於て、旧御塩田一段三畝二十歩の地を購入し、同二十九年七月に到り御塩浜を修築し、御塩汲所を新設して、以て御料塩の調製を古例に復す。

明治維新後の新政府は、社寺領の「上地（知）」として、神社や寺院がそれまで所有していた旧幕府・藩主からの田畑、山林などの寄進地、また、境内地さえも本殿など施設が建っている場所以外をかなり没収します（明治4年）。社寺にとっては経済的な基盤が揺らぐことで大変な状況となったわけですが、神社の場合は祭祀をおこなう上での様々な問題が生じます。伊勢神宮でも田圃をはじめ、塩田なども上地となり、独自に塩もつくれなくなりました。

そこで、やむを得ず、民間で作られた塩を購入し御料にあてていたとあります。けれど、購入した塩そのままではなく、神饌でもあり、神に奉るために再製していたようです。それから明治29年、二見浦の塩田を購入して、独自に製塩するシステムに戻せました。

神宮の長い歳月の中で、続いているもの、こうして一度はなくなりかけて復興することができたもの、場合によっては消えてなくなっていったものもあるのです。

しかしながら、神宮でも、なんとか、ヤマトヒメが定められた御料の伝統、本来の祭祀の姿に戻そうとされます。

そう思うと、伝統文化を継承していくことがどれほど大変なことなのか。今も受け継がれて、つながっていること自体が奇跡のようにも感じます。

ちなみに二見の五十鈴川の河口には、御塩浜と共に、お供えの野菜や果物を育てる「御《み》園《その》」もあります。

ご巡幸　はじまりと終わりの祝いの「神楽」

（崇神天皇）即位六年己丑秋九月、倭の笠縫邑《かさぬいのむら》に、磯城《しき》の神籬《ひもろぎ》を立てて、天照《あまてらす》太神《おほみかみ》また草薙剱《くさなぎのつるぎ》を遷《うつ》し奉《まつ》る。皇女、豊鋤入姫命《とよすきいりびめのみこと》をして斎《いつ》き奉《まつ》らしむ。その遷し祭る夕べ、宮人皆参りて、終夜《よもすがら》宴《とよのあかり》楽し、歌ひ舞ふ。

『倭姫命世記』より

そしてヤマトヒメが、五十鈴川の川上にアマテラスをお遷ししたときも、

時に大幡主命《おほはたぬしのみこと》悦びて白さく、「神風伊勢国百船度会県《ももふねわたらひのさと》佐古久志呂《さこくしろ》　宇治五十鈴河上に鎮まり定まり坐《ま》す皇太神」と、国ほぎ奉《たてまつ》りき。終夜《よもすがら》宴楽《とよのあかり》歌ひ舞ふ。日小宮《ひのわかみや》の儀《よそほひ》の如し。

（同右）

アマテラスが、初めて宮中から出てお祀りされたときと、長いご遷幸の末に、伊勢に永

久に鎮まられたとき。この二度だけ、夜もすがら（終夜）宴を開き、舞や楽を奏でられたとの記述があります。

旅のはじまりの磯城の神籬［注8］（笠縫邑）と、旅の終わりの五十鈴川の川上で、です。なぜこの二度だけ、祝いの宴が出てくるのでしょう。

まず、これまで天皇がアマテラスと共に暮らす「同床共殿《どうしょうきょうでん》」の状態から、初めて天皇から離れ、皇女に託されたという「祭祀方式の大変革」、新たなスタートが理由であると考えられます。

笠縫邑は、それほど当時の宮中から離れたところではありませんが、初めて大神をお遷しし、磯城の神籬としてお祀りした。無事に鎮祭できたことに一つの安心があり、お祝いし、悦びあうことがなされたでしょう。そして、そこからトヨスキイリヒメがご巡幸に出られ、丹波国、大和国、紀国、吉備国で、アマテラスを祀りますが、どこも恒久な鎮祭場所ではなかった。

［注8］磯城の神籬　『日本書紀』ではこの四文字は「磯堅城神籬」とあり、「磯城」であれば地名（第10代崇神天皇の宮を「磯城瑞《しきのみず》籬宮《かきのみや》」という）、「磯堅城」ならば石づくりの堅固な一郭の意味になる。笠縫邑の磯城という場所に神籬を建てたのか、笠縫邑に頑丈な設えをした神籬を建てたのか、いずれが本来の状況であったのかは謎である。少なくとも立派な社殿が構えられる以前の祭祀の形を示していたのだろう。

そしてトヨスキイリヒメは「私は十分にご奉仕した」と、大和に戻られて、ヤマトヒメにお役目を託したわけです。

ヤマトヒメも、大和国、伊賀国、淡海国、美濃国、尾張国、伊勢国とご巡幸されて、伊勢国の中でも、なかなか見つからずにご苦労されて、ようやく五十鈴川の川上にお祀りされた。

アマテラスも「ここは私が高天原にいたときに、鎮まりたいと思ったところ」と、仰られた。

皇祖神が、永久に鎮まる宮処を、皇女二代が各地を旅して発見し、大きな使命を全うした。初めて宮中を出てから80年以上の歳月をかけて。

けれども、途中のご巡幸地では、「鎮祭はした」と記述はありますが「終夜宴《よもすがらとよのあかり》をした」とは、書かれていません。

ようやく、初めて鎮祭された笠縫邑での祝いの宴から、アマテラスの願いを叶えたという旅の終わりの祝いで、大きな神祭りの一つの区切りになります。

ただ、神を祠に鎮め祀っただけではなく、そのときに悦び、「国ほぎ」(祝言)を申し上げる、というのが、神祭りでは非常に大事なことです。

現在でも、神社での神事の後に、巫女さんが神楽舞を舞うのは、これは参列者に見せるためではなく、ご祭神に「無事にお祭りが滞りなく斎行《さいこう》されました」という慶びを、神楽や楽曲の奉奏で表現されています。

神宮では、「式年遷宮」の遷御が終わったあと、宮中から楽長、楽師特別差遣《さけん》（公用の遣いとして派遣すること）になり、御神楽と秘曲が大前で奉納されます。

毎年おこなわれる「神嘗祭」でもお祝いの神楽がおこなわれます。

そう思えば、2千年以上前に、ヤマトヒメがアマテラスを神宮に鎮祭して、神楽をされて喜ばれたという伝えは、まさに、神嘗祭や遷宮のお祭りが滞りなく斎行できたことの慶びをお祝いすることに通じているのではないでしょうか。

ヤマトヒメのご巡幸地が歌枕に

何事の　おはしますをば　しらねども　かたじけなさに　涙こぼるる

西行『異本山家集』より

平安時代の歌人、西行が、伊勢の神宮に参拝をし、そのときの深い感動を詠んだ歌として知られています。伊勢に心を寄せ、高野山から伊勢の内宮近く、そして二見浦に移り住むほどでした。神宮への崇敬心は、『御裳濯河歌合《みもすそがわうたあわせ》』『宮河歌合《みやがわうたあわせ》』を編み、前者には自選の和歌72首を収め奉納していることからもわかります。歌合歌集の御裳濯・宮河は共に有名な歌枕でした。

藤浪も　みもすそ川の　末なれば　下枝《しづえ》もかけよ　松の百枝《ももえ》に

『御裳濯河歌合』より

西行の歌に出てくる「みもすそ川（御裳濯川）」は、ヤマトヒメが、アマテラスを鎮祭するときに、裳の裾の汚れをこの清流で洗い清めたことから名づけられた、神宮の内宮の域内を流れる五十鈴川の異名です。

ここでは、ヤマトヒメが巡られアマテラスの遷幸先である元伊勢の地が、歌枕として和歌に詠まれていることを、八木意知男氏の『歌枕の探求1』（和泉選書）を元にご紹介したいと思います。歌枕とは『古今和歌集』や『新古今和歌集』におさまっているような「古歌」に詠まれた地名のことをもっぱらいいます。歌を詠むときのネタやそれをまとめたネタ本にあたります。

八木氏によると、伊勢国の歌枕は、三種類に分かれ、一つは、先ほどの西行の詠んだ、御裳濯川や、月読宮《つきよみのみや》など伊勢神宮に関わるものです。次に、「斎宮《さいぐう》」にかかわるもの。この斎宮についてはのちほど述べましょう。トヨスキイリヒメ、ヤマトヒメの「御杖代」の立場を受け継いだ皇女が、斎王として伊勢に赴いて、アマテラスの傍でご奉仕していました。斎宮の地域にも、大淀浦、小野湊などが歌枕となっており、『伊勢物語』(72段)の次の歌も有名です。

〰〰 大淀の　松はつらくも　あらなくに　うらみてのみも　かへる波かな 〰〰

三番目は、伊勢神宮の神領や、延喜式内社《えんぎしきないしゃ》に関わるもの。延喜式内社は、神宮の摂社となっている神社も多いのです。

ここに、ヤマトヒメがご巡幸し定められた神田や御園などの神領、旅をされたところが歌枕として和歌も詠まれているのです。これは大きな特徴だと思います。

「藤方片樋宮《ふじかたのかたひのみや》」の「藤潟」や、荒ぶる神と対峙することになった阿佐加《あさか》は、朝香山として歌枕になっています。

アマテラスから「伊勢に居たいと欲《おも》ふ」とお告げのあった「大淀浦」。

ヤマトヒメが堅塩を定めた「二見浦」もそうです。

浪こすと　二見浦に　見えつるは　梢にかかる　霞なりけり
西行『山家集』より

ヤマトヒメが渇いた喉を潤した忘れ井の井戸のあった「忘井《わすれい》」。
そして、ヤマトヒメが大切な櫛をなくしたことから名づけられた「櫛田川」もあります。

世の中に　沈むとならば　櫛田川　流れ失せぬる　わが身ともがな
源俊頼『散木奇歌集』より

ヤマトヒメがご巡幸されアマテラスをお祀りしていた「元伊勢」の地などが、平安時代の和歌の世界では歌枕として定着し、折に触れ、詠歌の対象になっていたことがわかりますね。実際に現地へ訪れることができず、歌枕を元にイメージを膨らませて作歌された場合もあるでしょう。現代の私たちも、遠慮なく各地に残るヤマトヒメゆかりの土地を歌枕として、どんどん和歌を詠んでいっていいのです。そして現代の歌枕書を創作することもできましょう。

江戸時代の書物にも元伊勢が登場していた！『伊勢参宮名所図会』

伊勢神宮は、アマテラスへの祈りを祭祀としておこなう場所であり、個々人の祈願がおこなわれる対象ではありませんでした。こうしたあり方を律令時代の法律では「私幣禁断《しへいきんだん》」といって、天皇以外の方々が幣帛《へいはく》（お供え）を奉ることは基本的におこなわれない制度となっていました。現在のように皆が神前へお参りし、神楽殿でお供え物を捧げご祈禱をお願いするようなことはなかったわけです。

平安時代の神宮の記録には「参宮人千万貴賤を論ぜず」とあり、随分多くの参拝者があったように見られますが、これは「神嘗祭」のようなお祭りに、都から勅使《ちょくし》として神宮へ来たご一行様のことで、人数も実数ではなく「とても多かった」という意味です。やがて、僧侶が祭りの日ではない時に参詣したり、武家社会になると将軍が訪れるようにもなります。

奈良市の正暦寺《しょうりゃくじ》に「伊勢両宮曼荼羅図《いせりょうぐうまんだらず》」と呼ばれる興味深い絵画が伝わっています。内宮と外宮を日と月の世界に分け、神宮の社殿を描きその貴さを表わしています。内宮の場面では、太陽が描かれた上部中央には、2羽の鶴が稲穂をくわえ降り立つ場面と、五十鈴川上流の「鏡岩《かがみいわ》」といわれるあたりに、頭に風呂敷包を頂くヤマトヒメかと思われる人物（大和姫皇女）と、弓矢を携え方角を指し示す山の神が描かれています。

また、神宮を描いた「伊勢参詣曼荼羅《いせさんけいまんだら》」と呼ばれる絵画が何点か残っています。時代的には中世から近世初頭にかけて描かれたもののようですが、1枚の画面に外宮・内宮をはじめ朝熊山や二見浦、遠くに富士山をカラーで描いたおもしろい絵画です。どうも、この絵を持参して各地を回り、神宮の由緒やご神徳を説き、参宮誘致にあたることが盛んにおこなわれていたようです。勧進聖《かんじんひじり》の姿は山伏・修験者があちらこちらに登場しますので、神宮の喧伝と誘客をおこなっていたのはこの人たちだったかもしれませんが、伊勢参宮が庶民層へと広がっていた様子が窺われます。

江戸時代には、「伊勢に行きたい伊勢路が見たい　せめて一生に一度でも」と、伊勢参りが庶民の夢となり、全国各地からのお伊勢参りのブームが何度も起こります。

江戸時代、1797（寛政9）年には、『伊勢参宮名所図会《いせさんぐうめいしょずえ》』という、京都の三条大橋から伊勢内宮までを基本とした、絵入りの街道案内本が出版されます。道中の知られた名所や名物、逸話などのほか、思いがけない見所をも発掘して紹介する、総合ガイドブックといえましょうか（大坂：塩屋忠兵衛、寛政9［1797］：早稲田大学ライブラリー）。
この冒頭は「斎宮群行」の図からはじまります。

トヨスキイリヒメとヤマトヒメに淵源を発し、伊勢神宮に赴きアマテラスを祀る御杖代となる皇女を後世「斎王（さいおう・いつきのみこ）」（または斎宮）といいます。この斎王のいたところが斎宮（さいくう・いつきのみや）です。

斎王に任命された皇女が都から伊勢に赴く行為が「斎宮（王）群行」です。これは、南北朝時代に途切れてしまっていますので、江戸時代にはすでにこの制度そのものはなくなっています。

けれど、江戸時代の「お伊勢参り」の紹介本の冒頭に紹介されているのです。

昔、大神宮の御杖の代として、内親王を斎宮に立たせ給ふに、三年の間、内裏、及び野々宮に禊祓し、都より伊勢に赴き給ふを斎宮群行といふ。是その図也。（中略）尚事実は下の斎宮村の条に委細《つぶさ》に記せり。

ここからわかるのは、江戸時代の一般の人々は「伊勢神宮には、斎王（宮）さんという、大神の御杖代となる方がいらっしゃったんだ」と認識をしていたということです。

そして冒頭にあるように「斎宮村」のページ（同書巻3）には、「斎宮旧跡」や「斎宮とは」の項目があり、こう書かれています。

「斎宮とは、昔天子御即位毎に卜定《ぼくじゃう》の式有りて、それにかなひ給ひし皇女を、皇大神の御杖代として」とあり、次の「斎宮濫觴《さいぐうのらんじゃう》」のくだりには、「垂仁天皇二十六年の頃、倭姫命に初る」と、書いてあるんです。「濫觴」とは、ものごとのはじまりや起源を意味します。

そして、「斎宮は、度会郡《わたらひごほり》宇治の郷、五十鈴川の上の大宮の際《ほとり》なり。景行天皇二十年、庚寅年、倭姫命、年既に老耄《おひ》て、つけへまつること成りがたしとて、景行天皇第五の御女《むすめい》五百野《ほの》皇女久須姫《くすひめ》、同年の春二月皇大神へ参らる、是伊勢斎宮群行の始めなり」と続きます。『伊勢参宮名所図会』の依拠した資料はすぐに判断できませんが、この記事内容は『倭姫命世記』に拠っているのではないでしょうか。

また、この図絵は、京都から伊勢までの道行きを絵と文で詳しく紹介していますが、2巻目の「片山神社」（鈴鹿社）の絵図には、本殿にアマテラスの荒御魂をまつり、相殿《あいどの》にヤマトヒメも合わせて奉っているとも紹介されています。

ここからわかるのは、「お伊勢参り」がブームとなった江戸時代の、伊勢参りのガイドブックは、『倭姫命世記』の記述を踏まえ、その内容がしっかりと紹介されていることです。現代よりも、ヤマトヒメの存在が伝承として知られていたように思われます。

ヤマトヒメから、やがて「斎王（宮）制度」へ

アマテラスの御杖代として、恒久の祭場を求めて旅をしたトヨスキイリヒメは、「吾日足りぬ」と、姪の皇女、ヤマトヒメに御杖代の役目を託しました。

ヤマトヒメは、伊勢の五十鈴川の川上にアマテラスを鎮祭し、神事やご神饌を定め、永久の宮処とされますが「仕ふることあたはず。吾足りぬ」と次の世代、姪の五百野皇女、久須姫に、御杖代の役目を移されます。こうして御杖代の役目は、代々の皇女（内親王）にバトンタッチされて受け継がれていくこととなります。

やがて飛鳥時代、天武天皇の御代に「斎王制度」として、国家的な仕組みが整えられるようになっていきます。この制度上の最初の斎王が、大来《おおく》（伯）皇女です。それ以前の方々について、あらためてお名前だけでも紹介しておきましょう。実在のお方かどうかの議論もありますが、『神宮要綱』には「歴代斎王表」が掲げられ、いつ斎王として決定（卜定）されたのかをはじめ、初斎院・野宮（後述）に入られた時、群行と退下《たいげ》の年月日、退下の理由などが併記され参考になります。初期のころの斎王と天皇を少し掲げます。

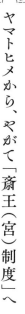

豊鋤入姫命（崇神天皇・垂仁天皇）
倭姫命（垂仁天皇・景行《けいこう》天皇）
五百野皇女（景行天皇）
伊和志真《いわしま》皇女（仲哀《ちゅうあい》天皇）
稚足姫《わかたらしめ》皇女（雄略天皇）
荳角《ささげ》皇女（継体《けいたい》天皇）
磐隈《いわくま》皇女（欽明《きんめい》天皇）
菟道《うじ》皇女（敏達《びたつ》天皇）
酢香手姫《すかてひめ》皇女（用明《ようめい》天皇～推古《すいこ》天皇）

奈良時代、平安時代、鎌倉時代、南北朝時代まで約660年間、斎王の発遣が続き、60余人の斎王がその役目につかれ、祥子《しょうし》内親王（後醍醐《ごだいご》天皇皇女）で、終わりを迎えます。

斎王のことは、平安時代の儀式書などによれば、亀卜《きぼく》により皇女や内親王から選ばれ、その後、伊勢の大神の元へと向かう前に、宮中の「初斎院《しょさいいん》」に入り、さらに「野宮《ののみや》」にうつり、清浄なところで、日々身を清め、祈り、心を整えて斎王となる準備をします。

そして、その年の10月の「神嘗祭」に合わせて、伊勢へと向かわれます。それが、江戸時代の『伊勢参宮名所図会』の冒頭にも紹介されていた「斎宮（王）群行」です。斎王に仕える女官や官人で何百人の行列だったようです。

都が京都へ遷ってからは、その道程は5泊6日。

平安京から、京の都を出て、琵琶湖の近くの近江国の国府（瀬田）へ。

琵琶湖から野洲川沿いに進み甲賀、垂水、4日目に鈴鹿峠をこえて伊勢国へ入り一志、5日目に斎王が暮らす「斎宮」へと到着するルートでした。

ヤマトヒメが、アマテラスを鎮祭したあと、垂仁天皇は、五大夫《ごたいふ》のオオカシマ（大鹿嶋命）を祭祀の官に、オオハタヌシ（大幡主命＝大若子命）を大神主にと定められました。

神宮の日々の祭祀は、こうした大宮司をはじめ神主が、ずっと奉仕しています。けれど御杖代としての斎王は、ヤマトヒメから代々の皇女がその役目をつないでこられたと見られます。

斎王は、神宮の重要な祭り「三節祭《さんせつさい》」（神嘗祭、二度の月次祭《つきなみさい》）に、お住まいの斎宮から神宮に赴きます。そして、外宮・内宮の順で神前にて拝礼されるのですが、そのときには、大宮司から玉串を受け取り、拝礼の後、玉串は物忌《ものいみ》を介して瑞垣御門《みずがきごもん》の西側に立てられる作法で、神饌を供えたり、祝詞を奏上するような祭儀は担当されません。

この「斎王制度」は、南北朝時代１３００年ごろに終わってしまいます。

それから700年……現代には、斎王は存在しません。ただし、天皇が主宰される神宮祭祀の基本として、その最高位に「祭主《さいしゅ》」がおられます。そして大少宮司、禰宜《ねぎ》と祭祀職が続きます。

祭主という役目は、かつて朝廷から勅使として神宮の祭りに派遣された官人で、中臣氏の先祖、オオカシマ（大鹿嶋命）がそのルーツといわれ、代々中臣氏がその役に任命されてきました。明治維新の時、神宮制度の改正によって、特定の家が祭祀職を代々継承することはなくなりますが、新たに「祭主」職として男子皇族が就かれる慣例となります。第二次大戦後は、女性皇族がこの役目を担われ、明治天皇の皇女の北白川房子様、鷹司和子・池田厚子様（昭和天皇皇女）、そして黒田清子様（上皇陛下皇女）がご奉仕のお役を継承されています。

アマテラスの祭祀という重責を、天皇の「御杖代」として担ったヤマトヒメ。その一代記でもある『倭姫命世記』には、万事を違えることなく大神にご奉仕する根拠は、「元《はじめ》を元《はじめ》とし、本《もと》を本《もと》とする」という基本にあると記されています。これはヤマトヒメの深いお諭しと受け止めることができましょう。神宮祭祀の規範となるこの理念は、「時空を超えて今にヤマトヒメがおられる」ように思えるところです。

その強いメッセージを、テキストを通して眼に触れ、ご巡幸の故地に立ち、ヤマトヒメの御心を受け止めることで、「綴りたいパワー」「語りたいパワー」「伝えたいパワー」、そして「次へ踏み出すパワー」が生じてくるのではないでしょうか。

謝辞

最後になりますが、私のヤマトヒメへの想いを受け止めて、一年半以上、『倭姫命世記』を一緒に読み勉強をして指導してくださり、倭姫宮をはじめ、いくつかの伝承地をご一緒にめぐり、その上で、何度も対話の時間を頂戴した櫻井治男先生に心から御礼申し上げます。櫻井先生の叡智の導きにより、ここまで辿りつけました。

「倭姫宮御杖代奉賛会」の村田典子様、「阿紀神社」の責任役員・浦岡英夫様、奈良県宇陀市まちづくり推進課・森本陽子様、取材のお時間と貴重な崇敬心のあるお話をありがとうございました。

前著『光に向かって　3・11で感じた神道のこころ』に続き、私の神道のテーマに寄りそい、出版の機会を与えてくださった晶文社の太田泰弘社長、担当編集として、的確で真摯なアドバイスをくださった松井智さんはじめ、同社の皆さま、おかげさまで念願のヤマトヒメさまの神燈《しんとう》を伝えられる一冊が誕生しました。

さらに、お心のこもった推薦文を書いてくださった、私の憧れである昭和女子大学総長、坂東眞理子先生に、心より感謝しております。これほど嬉しく、光栄なことはありません！

ありがとうございます。

いつも応援してくださる、若一王子宮《にゃくいちおうじぐう》の吉川高文宮司はじめ皆さん。大阪の生根《いくね》神社の堤太郎宮司はじめ皆さん。

いつも、『女性自身』でお仕事をご一緒している皆さん。相模女子大学に非常勤講師で招いてくださった石川勇一教授。10年間の授業で出会った愛しい学生さんたち。

90歳の今も600メートルを泳ぐ母、母を見守り真摯に生きる妹はじめ、家族親族。

そして大切な大切な友達たち一人一人、仲間の存在のありがたさに感謝して。

2千年前、伊勢の地でお鎮まりになられた天照大御神さま。

ヤマトヒメさま、トヨスキイリヒメさま。素晴らしい旅と学びと経験をお与えいただき、ありがとうございます。

現在・過去・未来を含めた「中今《なかいま》」を生き、万《よろず》のものに感謝をし、手を合わせます。

ありがとうございます。

2023年9月23日　秋分の日

川村一代

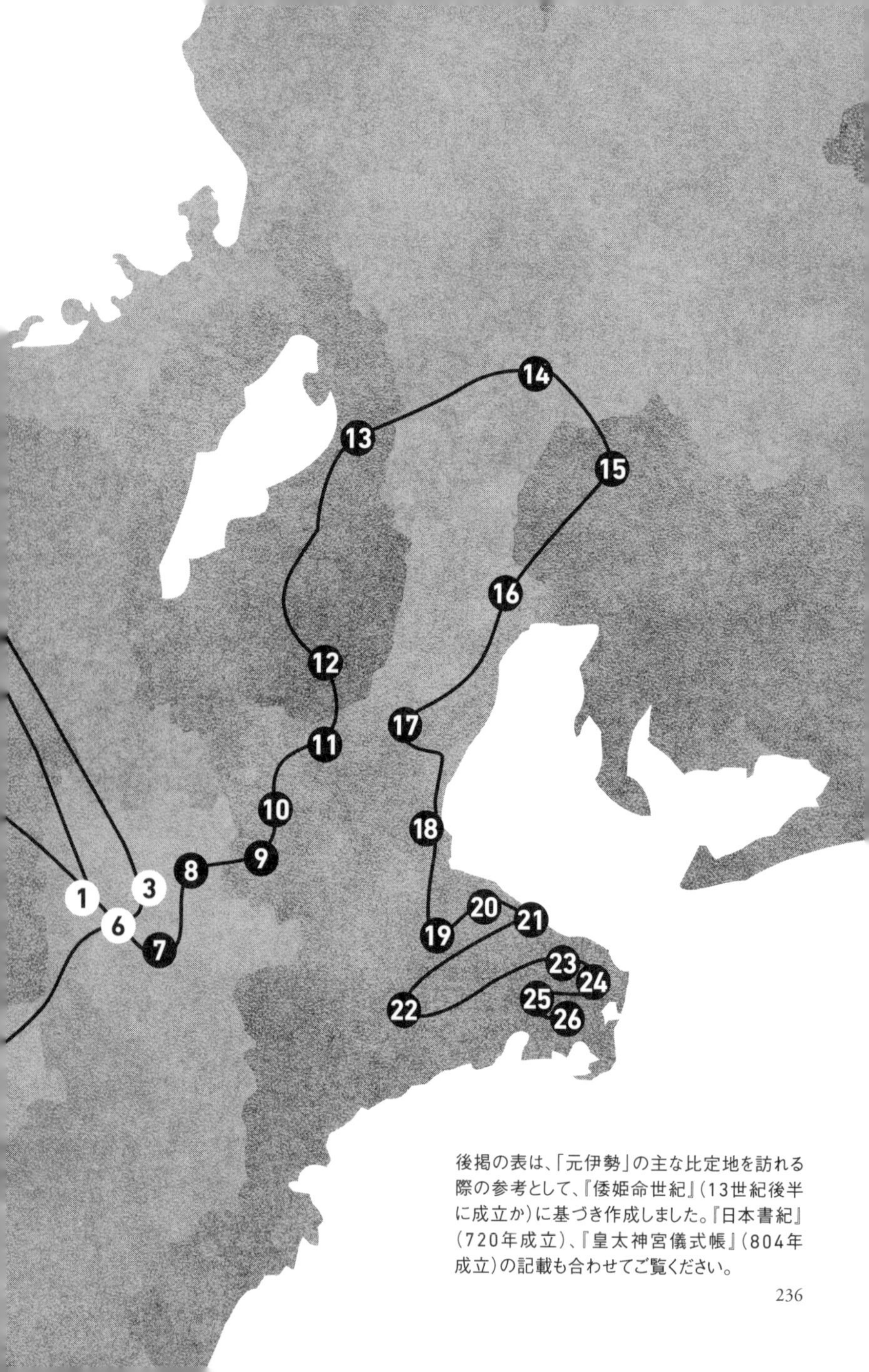

後掲の表は、「元伊勢」の主な比定地を訪れる際の参考として、『倭姫命世紀』(13世紀後半に成立か)に基づき作成しました。『日本書紀』(720年成立)、『皇太神宮儀式帳』(804年成立)の記載も合わせてご覧ください。

豊鋤入姫命・倭姫命の巡幸地一覧

主な比定地	『皇太神宮儀式帳』	『日本書紀』
檜原神社(大神神社摂社):奈良県桜井市三輪1422		天照大神を「天皇の大殿」から「倭の笠縫邑」へ遷す。(崇神天皇6年)
籠神社:京都府宮津市大垣430		
與喜天満神社:奈良県桜井市初瀬14		
日前国懸神宮:和歌山県和歌山市秋月365		
伊勢神社:岡山県岡山市北区番町2-11-20		
大神神社〈高宮神社〉:奈良県桜井市三輪1422	美和の御諸の宮	
阿紀神社:奈良県宇陀市大宇陀迫間252	宇太の阿貴の宮	菟田篠幡(垂仁天皇25年)
篠畑神社:奈良県宇陀市榛原山辺三2235	宇太の佐々波多の宮	
宇流冨志禰神社:三重県名張市平尾3319 蛭子神社:三重県名張市鍛冶町 97		
神戸神社:三重県伊賀市上神戸317	伊賀の穴穂の宮	
都美恵神社:三重県伊賀市柘植町2280	阿閉柘植の宮	
垂水頓宮跡:滋賀県甲賀市土山町頓宮		近江国
坂田神明宮:滋賀県米原市宇賀野835-2	淡海の坂田の宮	
天神神社:岐阜県瑞穂市居倉字中屋敷781	美濃の伊久良賀波の宮	美濃国
酒見神社:愛知県一宮市今伊勢町本神戸宮山1476		
野志里神社:三重県桑名市多度町下野代3073	伊勢の桑名の野代の宮	
布氣皇舘太神社:三重県亀山市布気町1663 忍山神社:三重県亀山市野村4-4-65	鈴鹿の小山の宮	
加良比乃神社:三重県津市藤方森目335	一志の藤方の片樋の宮	
飯野高宮神山神社:三重県松阪市山添町4 神戸神舘神明社:三重県松阪市下村町1791	飯野の高宮	
竹佐々夫江神社:三重県多気郡明和町大字山大淀3004	多気佐々牟江の宮	
磯神社:三重県伊勢市磯町1069	磯の宮	
瀧原宮:三重県度会郡大紀町滝原872		
矢田宮跡:三重県伊勢市楠部町字口矢田のあたり		
神宮神田:三重県伊勢市楠部町	佐古久志呂宇治の家田の田上の宮	
津長神社:三重県伊勢市宇治今在家町 宇治山田神社:三重県伊勢市中村町字西垣外918		
神宮・皇大神宮(内宮):三重県伊勢市宇治館町1	五十鈴の宮	伊勢国(垂仁天皇25年) 祠を伊勢の国に立て、因りて斎宮を五十鈴川の上に興てたまふ。是を磯宮と謂ふ。則ち天照大神の始めて天より降ります処なり。 ※書紀の別説は垂仁天皇丁巳年(26年)の「冬十月の甲子を取りて伊勢国の渡遇宮に遷しまつる」とある。

	年代	御杖代	『倭姫命世記』に登場する巡幸地	奉斎年
①	崇神天皇6年 秋9月	豊鋤入姫命	笠縫邑(かさぬいのむら)(大和国)	33年
②	同39年		吉佐宮(よさのみや)(但波国)	4年
③	同43年		伊豆加志本宮(いつかしのもとのみや)(大和国)	8年
④	同51年		奈久佐濱宮(なぐさのはまのみや)(木乃国)	3年
⑤	同54年		名方濱宮(なかたのはまのみや)(吉備国)	4年
⑥	同58年	豊鋤入姫命から倭姫命に継承	御室嶺上宮(みむろのみねのかみのみや)(大和国)	2年
❼	同60年	倭姫命	宇多秋宮(うたのあきのみや)(大和国)	4年
❽	―		佐々波多宮(ささはたのみや)(大和国)	
❾	同64年		隠市守宮(なばりのいちもりのみや)(伊賀国)	2年
❿	同66年		穴穂宮(あなほのみや)(伊賀国)	4年
⓫	垂仁天皇2年		敢都美恵宮(あえつみえのみや)(伊賀国)	2年
⓬	同4年		甲可日雲宮(こうかひくものみや)(淡海国)	4年
⓭	同8年		坂田宮(さかたのみや)(淡海国)	2年
⓮	同10年		伊久良河宮(いくらかわのみや)(美濃国)	4年
⓯	―		中嶋宮(なかじまのみや)(尾張国)	
⓰	同14年		桑名野代宮(くわなのしろのみや)(伊勢国)	4年
⓱	―		奈具波志忍山宮(なぐはしのおしやまのみや)(鈴鹿国)	
⓲	同18年		藤方片樋宮(ふじかたのかたひのみや)(伊勢国) ※このとき阿佐加の峰の荒ぶる神を祀る。	4年
⓳	同22年		飯野高宮(いいのたかみや)(伊勢国) ※このとき櫛田社・魚見社、真名胡神社を定む。	4年
⓴	同25年		佐々牟江宮(ささむえのみや)(伊勢国)	―
㉑	―		伊蘇宮(いそのみや)(伊勢国)	―
㉒	―		瀧原宮(たきはらのみや)(伊勢国)	―
㉓	―		矢田宮(やたのみや)(伊勢国)	―
㉔	―		家田田上宮(いえたのたかみのみや)(伊勢国)	―
㉕	―		奈尾之根宮(なおしねのみや)(伊勢国)	―
㉖	同26年 冬10月甲子		五十鈴宮(いすずのみや)(伊勢国) ※『倭姫命世記』では、このあと「伊雑宮」創建の記述があるが、この一覧からは省いた。	現在迄

大祓詞

高天原《たかまのはら》に神留《かむづま》り坐《ま》す　皇親神漏岐《すめらがむつかむろぎ》　神漏美《かむろみ》の命《みこと》以《も》ちて　八百万神等《やほよろづのかみたち》を神集《かむつど》へに集《つど》へ賜《たま》ひ　神議《かむはか》りに議《はか》り賜《たま》ひて　我《あ》が皇御孫命《すめみまのみこと》は　豊葦原水穂国《とよあしはらのみづほのくに》を　安国《やすくに》と平《たひら》けく知《し》ろし食《め》せと　事依《ことよ》さし奉《まつ》りき　此《か》く依《よ》さし奉《まつ》りし国中《くぬち》に　荒振《あらぶ》る神等《かみたち》をば　神問《かむと》はしに問《と》はし賜《たま》ひ　神掃《かむはら》ひに掃《はら》ひ賜《たま》ひて　語問《ことど》ひし磐根《いわね》　樹根立《きねたち》　草《くさ》の片葉《かきは》をも語止《ことや》めて　天《あめ》の磐座放《いわくらはな》ち　天《あめ》の八重雲《やへぐも》を　伊頭《いつ》の千別《ちわ》きに千別《ちわ》きて　天降《あまくだ》し依《よ》さし奉《まつ》りき　此《か》く依《よ》さし奉《まつ》りし四方《よも》の国中《くになか》と　大倭日高見国《おほやまとひだかみのくに》を安国《やすくに》と定《さだ》め奉《まつ》りて　下《した》つ磐根《いはね》に宮柱太敷《みやばしらふとし》き立《た》て　高天原《たかまのはら》に千木高知《ちぎたかし》りて　皇御孫命《すめみまのみこと》の瑞《みづ》の御殿仕《みあらかつか》へ奉《まつ》りて　天《あめ》の御陰《みかげ》　日《ひ》の御陰《みかげ》と隠《かく》り坐《ま》して　安国《やすくに》と平《たひら》けく知《し》ろし食《め》さむ国中《くぬち》に成《な》り出《い》でむ天《あめ》の益人等《ますひとら》が　過《あやま》ち犯《おか》しけむ種種《くさぐさ》の罪事《つみごと》は　天《あま》つ罪《つみ》　国《くに》つ罪《つみ》　許許太久《ここだく》の罪出《つみい》でむ　此《か》く出《い》でば　天《あま》つ宮事《みやごと》以《も》ちて　天《あま》つ金木《かなぎ》を本打《もとう》ち切《き》り　末打《すえう》ち断《た》ちて　千座《ちくら》の置座《おきくら》に置《お》き足《た》らはして　天《あま》つ菅麻《すがそ》を本《もと》刈《か》り断《た》ち　末刈《すえか》り切《き》りて　八針《やはり》に取《と》り辟《さ》きて　天《あま》つ祝詞《のりと》の太祝詞事《ふとのりとごと》を宣《の》れ

此《か》く宣《の》らば　天《あま》つ神《かみ》は天《あめ》の磐門《いはと》を押《お》し披《ひら》きて　天《あめ》の八重雲《やへぐも》を伊頭《いつ》の千別《ちわ》きに千別《ちわ》きて

聞《き》こし食《め》さむ　国《くに》つ神《かみ》は高山《たかやま》の末《すえ》　短山《ひきやま》の末《すえ》に上《のぼ》り坐《ま》して　高山《たかやま》の伊褒理《いほり》　短山《ひきやま》の伊褒理《いほり》を掻《か》き別《わ》けて聞《き》こし食《め》さむ　此《か》く聞《き》こし食《め》してば　罪《つみ》と言《い》ふ罪《つみ》は在《あ》らじと　科戸《しなど》の風《かぜ》の天《あめ》の八重雲《やへぐも》を吹《ふ》き放《はな》つ事《こと》の如《ごと》く　朝《あした》の御霧《みぎり》　夕《ゆうべ》の御霧《みぎり》を　朝風《あさかぜ》　夕風《ゆうかぜ》の吹《ふ》き拂《はら》ふ事《こと》の如《ごと》く　大津邊《おほつべ》に居《お》る大船《おほふね》を　舳《へ》解《と》き放《はな》ち　艫《とも》解《と》き放《はな》ちて　大海原《おほうなばら》に押《お》し放《はな》つ事《こと》の如《ごと》く　彼方《をちかた》の繁木《しげき》が本《もと》を　焼鎌《やきがま》の敏鎌《とがま》以《も》ちて　打《う》ち掃《はら》ふ事《こと》の如《ごと》く　遺《のこ》る罪《つみ》は在《あ》らじと　祓《はら》へ給《たま》ひ清《きよ》め給《たま》ふ事《こと》を　高山《たかやま》の末《すえ》　短山《ひきやま》の末《すえ》より　佐久那太理《さくなだり》に落《お》ち多岐《たぎ》つ　速《はや》川《かわ》の瀬《せ》に坐《ま》す瀬織津比売《せおりつひめ》と言《い》ふ神《かみ》　大海原《おほうなばら》に持《も》ち出《い》でなむ　此《か》く持《も》ち出《い》で往《い》なば　荒《あら》潮《しほ》の潮《しほ》の八百道《やほぢ》の八潮道《やしほぢ》の潮《しほ》の八百会《やほあひ》に坐《ま》す速開都比売《はやあきつひめ》と言《い》ふ神《かみ》　持《も》ち加加呑《かかの》みてむ　此《か》く加加呑《かかの》みてば　気吹戸《いぶきど》に坐《ま》す気吹戸主《いぶきどぬし》と言《い》ふ神《かみ》　根国《ねのくに》　底国《そこのくに》に気吹《いぶ》き放《はな》ちてむ　此《か》く気吹《いぶ》き放《はな》ちてば　根国《ねのくに》　底国《そこのくに》に坐《ま》す速佐須良比売《はやさすらひめ》と言《い》ふ神《かみ》　持《も》ち佐須良《さすら》ひ失《うしな》ひてむ　此《か》く佐須良《さすら》ひ失《うしな》ひてば　罪《つみ》と言《い》ふ罪《つみ》は在《あ》らじと　祓《はら》へ給《たま》ひ清《きよ》め給《たま》ふ事《こと》を　天《あま》つ神《かみ》国《くに》つ神《かみ》　八百万神等《やほよろづのかみたちども》共に　聞《き》こし召《め》せと白《まを》す

（神社本庁蔵版「神拝詞《しんぱいし》」より）

参考文献

◆**伊勢神宮関係**

『神宮要綱』（神宮司庁編、１９２８年、神宮皇學館）
『神宮・明治百年史』上・下巻（神宮司庁編、１９６８・１９７１年、神宮司庁文教部）
『図解　伊勢神宮』（神宮司庁編著、２０２０年、小学館）
『改訂版　お伊勢さん１２５社めぐり』（２０１７年、伊勢文化舎）

◆**倭姫命世記テキスト・注釈関係**

『倭姫命世記』（大神宮叢書　度会神道大成　上、１９５７年、神宮司庁）
『倭姫命世記』（日本思想大系〈19〉中世神道論、大隅和雄校注、１９７７年、岩波書店）
『倭姫命世記』（神道大系〈論説編５・伊勢神道　上〉、田中卓解題・校訂、１９９３年、神道大系編纂会）
『太神宮本記帰正鈔』『太神宮本記帰正』（大神宮叢書　神宮神事考證　前篇、御巫清直著、神宮司庁編、１９２５年、西濃印刷株式会社岐阜支店）
『倭姫命世記注釈』（和田嘉寿男著、２０００年、和泉書院）

『「倭姫命世記」研究——付訓と読解——』（中村幸弘著、2012年、新典社）

◆倭姫命の巡幸・巡幸地関係

『伊勢と倭姫宮』（小笠原省三編、1955年、柘植文化研究所）
『伊勢の神宮——ヤマトヒメノミコト御巡幸のすべて』（大阪府神社庁編、1993年、和泉書院）
「皇大神遷幸の伝承地について」（田中卓著、『伊勢神宮の創祀と発展』〈田中卓著作集第4巻〉、1985年、国書刊行会）
『倭姫命御聖跡巡拝の旅』（倭姫命御杖代奉賛会）
『倭姫命の御巡幸』（楠木勝俊著、岡田登監修、織戸隆光編、2015年、アイブレーン）
『倭姫の命さまの物語』（海部やをとめ著・三橋健監修、2018年、冨山房インターナショナル）
『旅する神々』（神崎宣武著、2020年、角川書店）
『伊勢神宮の始まり　倭姫命が見た山』（奥山隆也著、2022年、伊勢新聞社）

＊＊＊＊＊

「丹波国比治の真名井を尋ねて」（田中卓著、『瑞垣』186号、2000年6月、神宮司庁）
「外宮の御鎮座〝千五百年〟の証明」（田中卓著、『瑞垣』187号、2000年12月、神宮司庁）

「二所大神宮大神主、度会氏の隆替」（田中卓著、『瑞垣』188号、2001年1月、神宮司庁）
『遊幸思想―国民信仰の本質論―』
（堀一郎著、1944年、育英書院。『堀一郎著作集』第4巻、1981年、未来社）
「御杖代について」（堀一郎著、『瑞垣』19号、1954年9月）
『日本の神々　神社と聖地』
（4巻大和、5巻山城・近江、6巻伊勢・志摩・伊賀・紀伊、谷川健一編、2000年、白水社）
『籠神社の綜合的研究』（海部穀成総監修、三橋健編、2022年、清文堂出版）

◆事典・資料・研究書など

『神道事典』（國學院大學日本文化研究所編、1994年、弘文堂）
『日本書紀（1）』（新編日本古典文学全集2、小島憲之他校注・訳、1994年、小学館）
『新版　万葉集―現代語訳付き』（角川ソフィア文庫、伊藤博訳、2009年、角川書店）
『皇太神宮儀式帳』『止由気宮儀式帳』『太神宮諸雑事記』（『神道大系〈神宮編1〉』、1979年、神道大系編纂会）
『伊勢参宮名所図会』
（寛政9年〈1797〉刊行、『日本名所図会全集』〈復刻版〉所収、1975年、名著普及会）
『日本祭礼行事集成』第6巻（原田敏明監修、1973年、平凡社）

『神三郡神社参詣記』（世古口藤平著、櫻井治男編、２００５年、皇學館大学神道研究所）
『伊勢市史』第６巻・考古編（２０１１年、伊勢市役所）
『村の祭と聖なるもの』（原田敏明著、１９８０年、中央公論社）
『神道を学びなおす』（櫻井勝之進著、２００５年、神社新報社）
『伊勢の歌枕とその周辺』（中川竫梵著、１９９５年、翰林書房）
『歌枕の研究１』（八木意知男著、２０００年、和泉書院）

川村一代（かわむら・かずよ）

大阪府生まれ。神職、ライター、大学非常勤講師。『女性自身』（光文社）記者としてインタビューや読み物企画を担当。現在フリー。その傍ら、2007年より高知県の若一王《にゃくいちおう》子《じ》宮《ぐう》に籍を置き、神職・権《ごん》禰《ね》宜《ぎ》を務める。著書に『マイセルフヘルプ こまった時に読んでみて』（愛育社）、『光に向かって 3.11で感じた神道のこころ』（晶文社）、『おいせさん手帳 365日、まいにち神さま』（構成、光文社、2019～2022年）がある。
ことの葉綴り　https://note.com/kotonohatsuzuri/

櫻井治男（さくらい・はるお）

1949年京都府生まれ。皇學館大学名誉教授。専門は宗教学、神社祭祀研究。日本宗教学会評議員、NPO法人社叢学会理事長などを務める。2018年、第28回南方熊楠賞（人文の部）を受賞。『日本人と神様』（ポプラ新書）、『地域神社の宗教学』（弘文堂）、『知識ゼロからの神社入門』（幻冬舎）、『神道の多面的価値』（皇學館大学出版部）、『くり返し読みたい 日本の神様』（監修、リベラル社）など著書、編著書多数。

元伊勢《もといせ》・倭姫命《やまとひめのみこと》を訪《たず》ねて
伊勢神宮に天照大神を祀った皇女の物語

2023年10月17日　初版

著者　　川村一代、櫻井治男

発行者　株式会社晶文社
101-0051 東京都千代田区神田神保町1-11
電話：03-3518-4940（代表）・4942（編集）
URL：https://www.shobunsha.co.jp

印刷・製本　ベクトル印刷株式会社

ISBN978-4-7949-7384-9 Printed in Japan

光に向かって——3.11で感じた神道のこころ　川村一代

東日本大震災では多くの神社が被災した。週刊誌記者であり神職でもある著者が、被災した7つの神社を訪ね、神職たちが経験した過酷な体験を取材。震災を機に、日本人に脈々と流れる「神道のこころ」を再発見した渾身のルポルタージュ。

住職さんは聞き上手——釈徹宗の だから世間は面白い　釈徹宗

仏様の教えを体現し、どんな相手からもよいお話を引き出せる座談の名人・釈徹宗先生がホストとなった対談集。スポーツ、アート、文学、教育、将棋、人工知能、生命科学などの世界の第一線で活躍する著名人たちとの妥協なき16の語らいを収録。

香川にモスクができるまで——在日ムスリム奮闘記　岡内大三

ロードサイドにモスク建立?!　信仰にとってモスクとはどのような存在なのか？　そもそもイスラム教とはどのようなものなのか？　地方都市で暮らす在日ムスリムたちを追った、笑いと団結、そして祈りのルポタージュ。

ことばと呪力——ヴェーダ神話を解く〈神話叢書〉　川村悠人

呪文・呪術の源泉に迫る、シリーズ神話叢書、第2弾！　世界を理解するための知識が集積された「ヴェーダ文献」。神々への賛歌を集めた『リグ・ヴェーダ』とヴェーダ祭儀書文献における「ことばと呪力」にまつわる物語を読み解く。

性愛と暴力の神話学〈神話叢書〉　木村武史 編著

日本における神話研究の最前線を斬新な観点から平易に伝えるシリーズ神話叢書、第1弾！　古今東西、性愛の喜びと悲しみの詩や、暴力や死に立ち向かう英雄譚は人々を魅了し続けている。互いが重なりあって存在している情景を丹念な調査と研究から明らかにする。

維摩さまに聞いてみた——生きづらい人のためのブッダのおしえ
細川貂々＝マンガ　釈徹宗＝監修

空とは？　六波羅蜜とは？　解脱とは？　さとりとは？　異色の仏典「維摩経《ゆいまぎょう》」の世界をマンガにしました！　スーパー在家者「維摩さま」と文殊菩薩の対話から知る、生きづらさに効くブッダのおしえ。